Lieblings Wurst

Impressum

Math. Lempertz GmbH
Hauptstraße 354
53639 Königswinter
Tel.: 02223 / 90 00 36
Fax: 02223 / 90 00 38
info@edition-lempertz.de
www.edition-lempertz.de

Dieses Kochbuch wurde nach bestem Wissen und Gewissen verfasst.
Weder der Verlag noch der Autor tragen die Verantwortung für ungewollte Reaktionen oder Beeinträchtigungen, die aus der Verarbeitung der Zutaten entstehen.

Der Markenname „Thermomix®" ist rechtlich geschützt und wird nur als Bestandteil der Rezepte verwendet. Für Schäden, die bei der Zubereitung der Gerichte an Personen oder Küchengeräten entstehen, wird keine Haftung übernommen. Bitte beachte die Anwendungshinweise der Gebrauchsanweisung deines Thermomixgerätes.

Alle Rezepte können sowohl im TM5, im TM6 als auch im TM31 zubereitet werden. Abweichende Angaben finden Sie ggf. in Klammern.

Rezepte: Roland Rauscheder
Lektorat: Hendrik Wolff
Layout/Satz: Ralph Handmann
Printed and bound: Print Consult GmbH, Slowakei

Bildnachweis:
Fotos Umschlag: © Jo Kirchherr, www.jokirchherr.com
Foodfotos Innenteil:
© LUCOMA Gewürzmanufaktur Rauscheder: S. 4, 5, 7, 8, 9, 12, 13, 14, 38, 39, 41–45, 49, 51–57, 70–73, 82, 83, 84, 90–95, 98–101, 104–107, 114, 120, 121
©Jo Kirchherr: S. 15, 16, 18, 20, 22, 24, 26, 28, 30, 32, 34, 36, 40, 46, 48, 50, 58, 60, 62, 64, 65, 66, 68, 74, 76, 78, 80, 86, 88, 96, 102, 108, 110, 112, 116, 118, 122, 124, 126
Fotos Gewürz-Compounds: © Nicole Bauer
Grafiken & Illustrationen
©Adobe Stock: baksiabat, eurngkwan, fineartcollection, Jiri Hera, Tigatelu, anatolir, TWINS DESIGN STUDIO, Syfida, Bitter, akinian, Spiral Media
© iStockphoto.com: Muammer Mujdat Uzel

ISBN: 978-3-96058-485-8

Roland Rauscheder

Lieblings Wurst

Wurst selber machen

mit dem Thermomix® und Gewürz-Compounds

LEMPERTZ

Inhalt

Brühwurst 

Schwein

Kombinierte Fleischsorten

Kochwurst

Rohwurst

Vorwort

Wurst selber machen ist nicht nur der Genuss einer köstlichen Salami oder eines saftigen Leberkäses, sondern eine Lebenseinstellung!

Denn selbstgemachte Wurst steht für einen bewussten Umgang mit Lebensmitteln, vermittelt authentischen und echten Fleisch-Geschmack und hält die ehrlichen Werte des Fleischerhandwerks hoch. Bestimme selbst den Fett- und Salzgehalt deiner Wurstwaren und genieße deine Wurst so, wie du sie am liebsten magst.

In diesem Buch geht es also um die Wurst, ganz nach dem Motto: Weil es nicht Wurst ist, was in deiner Wurst ist! Wir sagen Nein zu künstlichen Aromen, Farbstoffen und geschmacksneutraler Massenware und erklären stattdessen, wie man Wurst mit dem Thermomix® und den individuellen Gewürz-Compounds von LUCOMA ganz einfach selber machen kann. Wir stellen dir die verschiedenen Fleischsorten und Methoden der Wurstherstellung vor, damit du selbst zum Wurst-Experten wirst – und dank der übersichtlichen Schritt-für-Schritt-Anleitungen inklusive Bildmaterial kann bei der Wurstherstellung nichts mehr schiefgehen.

Die zahlreichen tollen Wurstrezepte wurden in Zusammenarbeit mit dem bayerischen Metzgermeister Roland Rauscheder entwickelt, der wahrlich ein Meister seines Fachs ist. Neben seiner praktischen Erfahrung im Fleischerhandwerk ist er als ehemaliger Lehrbeauftragter einer der weltweit ältesten Meisterschulen auch darin geübt, seine fachliche Expertise und sein technisches Know-how zu vermitteln. In Kombination mit den speziell entwickelten Compounds von LUCOMA findest du hier also im wahrsten Sinne des Wortes alle Zutaten, um die verschiedenen Wurstrezepte auszuprobieren und deine ganz persönliche Lieblingswurst selber zu machen.

Wir wünschen viel Spaß mit den Rezepten und guten Appetit!

Dein LUCOMA-Team

Einleitung

Wurst selber machen

Zu Anfang sei zu sagen: Wurst selber herstellen ist gar nicht so schwer wie man denkt. Das Prinzip ist sehr einfach und wenn du es einmal verinnerlicht hast, wirst du staunen, wie schnell es doch geht, eigene Wurst herzustellen.

An sich besteht jedes Wurstrezept in diesem Buch aus folgenden Elementen:

Auf jeden Bestandteil werden wir gleich noch im Detail eingehen.

Das Fleisch wird in unserem Falle zunächst in den Thermomix® gegeben und zerkleinert. Dann wird die im Rezept angegebene Gewürzmischung (Compound) untergerührt und zum Schluss kommt noch das Eiswasser hinzu.

Das fertige Brät wird dann entweder in Wurstfolie gerollt, in Einmachgläser gefüllt oder mit einem Spritzbeutel direkt weiterverarbeitet und schon hast du deine fertige selbstgemachte Wurst.

Die Vorteile, die die eigene Wurstherstellung mit sich bringen, liegen auf der Hand:

Du entscheidest selbst, welche Qualität dein verwendetes Fleisch hat. Du weißt genau, was in deiner Wurst enthalten ist. Und da unsere Wurstrezepte ohne Farbstoff- oder Geschmacksverstärker und Palmfett auskommen, kannst du deine Wurst mit authentischem Geschmack genießen.

Nun wollen wir uns den einzelnen Wurst-Komponenten widmen.

Verwendete Fleischsorten

Schweinefleisch

- Hier verwendest du am besten Schweinegulasch aus der Ober- oder Unterschale oder Schweineschulter.
- Kaufe rohes, ungewürztes Fleisch frei von Knochen, Schwarte und Knorpeln.

Schweinebauch/ Bauchfleisch/ Wammerl

- Hier eignet sich für die eigene Wurstherstellung am besten fettiger Schweinebauch.
- Kaufe rohes, ungewürztes Fleisch frei von Knochen, Schwarte (Haut) und Knorpeln.
- Beachte beim Kauf des Fleisches, dass es durch das Entfernen der Schwarte an Gewicht verliert. Also lieber etwas mehr einkaufen.

Rindfleisch/ Kalbfleisch

- Hier verwendest du am besten Fleisch aus der Keule oder Schulter.
- Kaufe rohes, ungewürztes Fleisch frei von Knochen, Schwarte und Knorpeln.

Geflügelfleisch

- Hier kannst du wählen zwischen Hähnchenfleisch und Putenfleisch.
- Kaufe rohes, ungewürztes Fleisch frei von Knochen, Schwarte und Knorpeln.
- Geflügelfleisch hat den Vorteil, dass es fettärmer ist als Schweinefleisch.

Leber

- Du kannst sowohl Schweineleber als auch Kalbsleber verwenden. Wichtig ist, dass du nur frische Leber verwendest. Wenn du nicht immer die Möglichkeit hast, frische Leber einzukaufen, kannst du auch mehr Leber einkaufen, sie einfrieren und dann portionsweise nach Rezept verarbeiten.

Was muss ich bei der Fleischvorbereitung beachten?

Wir haben dir jetzt die verarbeiteten Fleischsorten vorgestellt. Alle Fleischsorten werden auf dieselbe Art und Weise vorbereitet, um sie anschließend für die Wurstherstellung verwenden zu können. Wenn nichts anderes im Rezept vorgegeben wird, triffst du immer folgende Vorbereitungen:

1. Die Vorbereitungen zur Wurstherstellung müssen immer schon am Vortag beginnen, es sei denn, du hast schon fertig eingefrorenes Fleisch bereitliegen.

2. Das eingekaufte Fleisch schneidest du in 2–3 cm große Würfel. Gib das gewürfelte Fleisch dann in einen Gefrierbeutel und drücke es möglichst flach. Gib das Fleisch dann für mindestens 24 Stunden in den Tiefkühler.

3. Du kannst das Fleisch gut in Portionen einfrieren und nur das entnehmen, was du zur Herstellung brauchst. So kannst du dir ganz einfach mit der Zeit einen kleinen Vorrat anlegen.

4. Das Fleisch wird dann zur Weiterverarbeitung aus dem Tiefkühler genommen und für 1 Stunde zum Antauen in den Kühlschrank gelegt. Bevor du dann das leicht angetaute Fleisch in den Mixtopf gibst, brich es im Gefrierbeutel mit den Händen in Stücke.

So lange kannst du die verschiedenen Fleischsorten im Tiefkühler bei -18°C lagern	
Rindfleisch	10–12 Monate
Kalbfleisch	9–12 Monate
Mageres Schweinefleisch	5–8 Monate
Fettes Schweinefleisch	4 Monate
Mageres Hackfleisch	1–3 Monate
Fettes Hackfleisch	1 Monate
Hähnchenfleisch/ Putenfleisch	8–10 Monate
Leber	3 Monate

Achtung: Die Angaben zur Lagerung der Fleischsorten gelten für vakuumiertes Fleisch. Die einfachen, dünnen Gefrierbeutel enthalten meist noch Luft und es kann schneller zu Gefrierbrand. Wir empfehlen also, Fleisch vakuumiert verpackt aufzubewahren.

Verwendete Gewürzmischungen/ Compounds

In diesem Buch werden ausschließlich die Compounds & Rubs von Lucoma verwendet, die du hier bestellen kannst: ***www.lucoma.de***

Die Compounds setzen sich aus einer Mischung aus Salzen, Rohgewürzen, Zusatzstoffen und Hilfsstoffen zusammen. Sie kommen alle OHNE Geschmacksverstärker, Farbstoffe, allergene Stoffe, Aromen, jodiertes Salz, Verdickungsmittel und Füllstoffe aus.

Folgende Zusatzstoffe/Hilfsstoffe sind in den Compounds von Lucoma enthalten: Nitrit, Diphosphate und Ascorbat. Diese Zusatzstoffe werden seit Jahrzehnten im Metzgerhandwerk verarbeitet und sie sind für die Wurstherstellung unverzichtbar. Alle Zusatzstoffmengen sind auf ein absolutes Minimum beschränkt. Gerade beim Nitrit wird besonders darauf achtgegeben, dass die gesetzlich vorgeschriebenen Höchstmaße nicht überschritten werden.

Nitrit dient als Keimzahlhemmer und Farbstabilisator. Es sorgt dafür, dass die Wurst eine rosige Farbe behält und nicht grau wird. Disphosphate sorgen für ein geschmeidiges Brät. Ascorbat unterstützt den Abbau von Nitrit, ist Säureregulator und stabilisiert die Farbe in der Wurst. Als Antioxidationsmittel verwenden wir Citronensäure.

Eiswasser und kaltes Öl

Damit deine Wurst auch gelingt, ist es wichtig, dass du Eiswasser und kaltes Öl verwendest. Das Eiswasser setzt sich aus Eiswürfeln und Wasser zusammen. Stelle dafür ein leeres Glas auf den Mixtopfdeckel und gib die Hälfte der angegebenen Menge an Eiswürfeln oder Crushed Ice hinein. Fülle das Glas mit kaltem Leitungswasser auf, bis du die angegebene Gesamtmenge erreicht hast. Beispiel: Dein Rezept enthält 60 g Eiswasser – dann besteht es aus 30 g Eiswürfeln und 30 g Wasser.

Das Öl muss vor der Verarbeitung mind. 2 Stunden im Kühlschrank gestanden haben. Verwende zur Wurstherstellung ein neutrales Pflanzenöl.

So kannst du deine Wurst individualisieren

Du kannst deine Wurst je nach Geschmack und Vorlieben noch mit Extrazutaten verfeinern. Du kannst z. B. getrocknete oder frische Pilze, frische Paprika, Paprikaflocken, Chiliflocken, getrocknete Tomaten oder gekochte Eier untermengen. Bei getrockneten Zutaten kannst du max. 10–15 g untermengen, bei frischen ca. 35 g.

Wenn du mehr Einlage untermengst als hier angegeben, kann es passieren, dass sich unten im Glas Flüssigkeit von der Einlage absetzt.

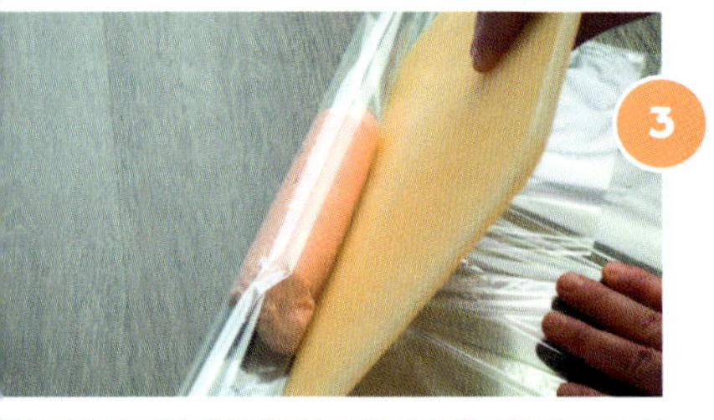
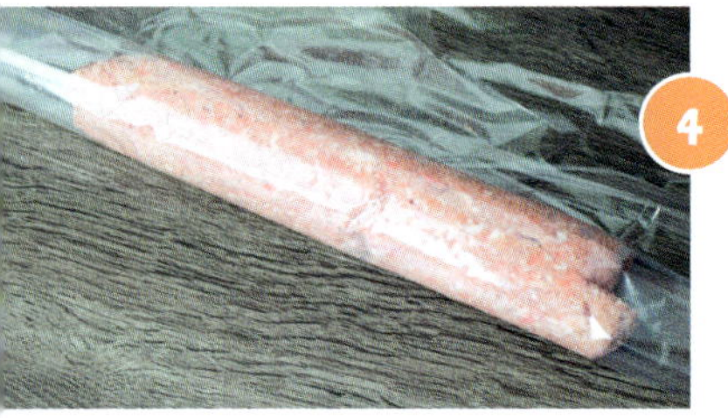
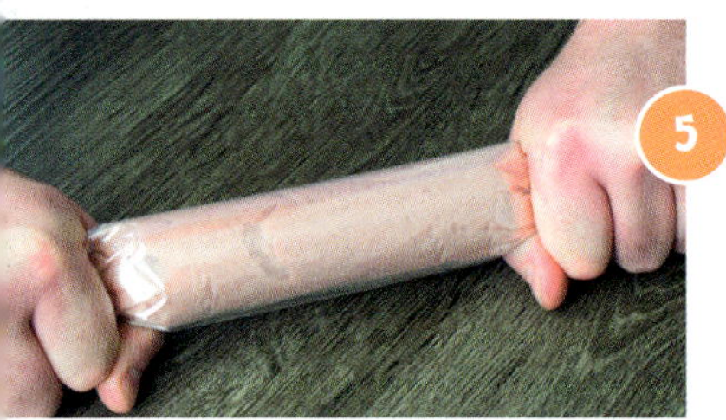

So formst du eine Wurst mithilfe von Wurstfolie

Bei Wurstfolie handelt es sich um eine spezielle Folie zur Herstellung von Lebensmitteln. Es ist nicht dasselbe wie Frischhaltefolie! Die Wurstfolie ist temperaturbeständig. Nach dem Auskühlen der Wurst wird sie einfach abgenommen und im gelben Sack entsorgt. Du kannst dir zum Beispiel in unserem Onlineshop www.lucoma.de Wurstfolie bestellen.

Nun zeigen wir dir Schritt für Schritt, wie du eine Wurst mithilfe der Wurstfolie formst:

1. Breite die Wurstfolie auf deiner Arbeitsfläche aus und pinsle sie in der Mitte mit Öl ein.

2. Gib nun die Hälfte des Bräts in die Mitte der Wurstfolie und schlage sie ein.

3. Nimm nun ein Schneidebrett zur Hilfe und presse damit das Brät zu einer ca. 3,5–5,5 cm langen Rolle. Mache die Rolle nicht dicker, da sie sonst in der angegebenen Zeit nicht durchgaren kann.

4. Rolle die Wurstrolle nun mit der Folie auf.

5. Greife die Rolle links und rechts an den Enden und presse das Brät mit den Händen nochmal fest zur Mitte zusammen. Je fester das Brät zusammengepresst wird, desto weniger Lufteinschlüsse hast du später in der fertigen Wurst.

6. Schlage die Enden nach unten ein und lege die Wurstrolle dann mit der Naht nach unten in den Einlegeboden vom Varoma. Gare dann die Wurstrolle wie im Rezept angegeben.

7. Nach dem Garen legst du die Wurst samt Folie für ca. 3–5 Minuten in Eiswasser. Danach wickelst du die Wurst aus der Wurstfolie aus und bewahrst sie in einem Behälter im Kühlschrank auf.

Tipps & Tricks

Fertige Wurst aufbewahren

Die selbstgemachte, abgekühlte Wurst bewahrst du immer im Kühlschrank in einem verschließbaren Behälter auf. Die frischen Wurstwaren sollten innerhalb von 3–4 Tagen verzehrt werden. Ausnahme: Mett- und Zwiebelmettwurst sollten am selben Tag verzehrt werden.

Fleischsorten tauschen

Gewisse Fleischsorten kannst du innerhalb der Rezepte auch austauschen. Statt Schweinegulasch kannst du auch Schweineschnitzel oder Schweinehackfleisch verwenden. Hast du mal für ein Rezept zu wenig Fleisch von einer Sorte, kannst du die Menge auch mit einer anderen Fleischsorte ausgleichen. Das geht aber nur bei einem Unterschied von max. 20 g. Beispiel: Wenn du für einen Leberkäse statt der benötigten 200 g nur 180 g hast, kannst du die Menge mit 20 g mehr Gulasch ausgleichen.

Party-Leberkäse

Leberkäse wird zu einem richtigen Hingucker, wenn du ihn nicht in einer großen Form, sondern in kleinen Muffinförmchen backst. Eignet sich prima für ein Party-Buffet. Achtung: Beachte, dass sich dann die Backzeit auf ca. 25 Minuten verkürzt. Anschließend noch 10 Minuten bei hoher Temperatur für eine schöne Kruste backen.

Wie kann ich häufige Fehler vermeiden?

Wenn dein Weckglas während des Garens aufploppt, kann das folgende Gründe haben:

1. Ist dein Glas vielleicht zu großzügig befüllt? Immer beachten, dass du oben einen Rand von 1 cm frei lässt, sonst ist das Glas zu voll.

2. Ist dein Brät zu lange im Varoma gewesen? Lass das Brät nicht für länger als die im Rezept angegebene Garzeit im Varoma.

Schau immer, dass du beim Garen von Würsten in Wurstfolie auch richtige Wurstfolie verwendest und die Enden dicht nach unten einschlägst, sonst kann es passieren, dass die Wurst an Geschmack verliert.

Wenn die Wurst einen grauen Kern aufweist bzw. nicht richtig durchgegart ist, kann das folgende Ursachen haben:

1. Bei z. B. Kochsalami ist es wichtig, dass du die angegebenen Wartezeiten korrekt einhältst. Diese Zeit dient dazu, dass die Wurst komplett umrötet, also sich die rosa Fleischfarbe stabilisieren kann.

2. Einen grauen Kern kann die Wurst auch bekommen, wenn die Wurst zu kurz und nicht in der angegebenen Brühzeit gebrüht wurde. Dann solltet ihr die Wurst entweder nochmal im Varoma nachbrühen oder für ca. 10–15 Minuten im Ofen backen, bis der gewünschte Gargrad oder die gewünschte Bräunung erreicht ist.

Größere Löcher in der Wurst vermeidest du, indem du die Wurst in der Wurstrolle oder im Glas immer gut zusammenpresst bzw. fest ins Glas drückst. Somit entweicht Luft und es sollten nur kleine Löcher entstehen. Beim Leberkäse kannst die Auflaufform, wenn sie mit dem Brät gefüllt ist, etwas auf die Arbeitsfläche klopfen, damit die Luft entweicht.

Wenn du das Fleisch nicht lang genug mixt oder vorher zu lange im Kühlschrank liegen lässt, kann es passieren, dass es keine gleichmäßige Struktur entwickelt. Also immer ans Rezept halten!

Bevor es nun so richtig mit den Rezepten losgeht, hast du also schon einiges über die Grundlagen der eigenen Wurstherstellung gelernt: Du kennst unsere Arbeitsmethoden für selbstgemachte Wurst, hast Tipps & Tricks zum Wurst selber machen mit auf den Weg bekommen und dich mit unseren Fehlervermeidungsstrategien vertraut gemacht. Jetzt bist du bestens gewappnet und kannst sofort mit der Herstellung deiner eigenen Wurst starten.
Wir wünschen dir viel Spaß!

Dein Lucoma-Team

Brühwarmer Wurstgenuss

Brühwurst

Dieses Kapitel füttert euch mit zahlreichen köstlichen Brühwurst-Rezepten:

Ob Leberkäse oder Aufschnitt, Geflügel oder Rind, Schwein pur oder kombinierte Fleischsorten – hier findet ihr garantiert euer Lieblingswurst-Rezept!

Bei Brühwürsten wird das Brät bei der Zubereitung übrigens durch Brühen, Backen oder Braten mit Hitze behandelt (also gegart). So bekommt die Brühwurst eine schnittfeste Struktur und ihr unverwechselbares Mundgefühl, das die Herzen von Brühwurst-Liebhabern höher schlagen lässt.

Lucoma Kids:

Lucys Lieblingswurst

Mit
LUCOMA
Compound für
LUCYS GELBWURST
Für kids only!
Für die fettarme Ernährung
Leckerer Aufschnitt für Kids!

Lucys Gelbwurst

ca. 650 g | ca. 45 Min. + 1 Std. Antauzeit | mittel

Zutaten:

Utensilien: **Entweder** 3 Einmachgläser à ca. 290 ml **oder** Wurstfolie, Backpinsel

390 g Geflügelfleisch, (z. B. Hähnchenbrustfilet oder Putenbrustfilet), gewürfelt, gefroren

1 Pck. Compound für Lucys Gelbwurst

130 g cremiger Joghurt, 0,1 % Fett

130 g Eiswasser (halb Wasser, halb Eiswürfel) + etwas zum Einlegen der Wurstrollen

gezupfte Blattpetersilie, 5–10 g, nach Belieben

1000 g lauwarmes Wasser

1. Lass das gefrorene Fleisch 1 Stunde im Kühlschrank antauen.
2. Stelle ein Glas mit dem abgewogenen Eiswasser bereit. Gib das gewürfelte, leicht angetaute Geflügelfleisch in den Mixtopf und zerkleinere es **20 Sekunden/ Stufe 8**.
3. Lass das Gerät auf **Stufe 4** weiterlaufen und gib das Compound für Lucas Gelbwurst dazu. Mische es **5 Sekunden/ Stufe 4** unter. Schiebe die Reste mit dem Spatel nach unten.
4. Gib das abgewogene Eiswasser dazu und mixe alles **5 Sekunden/ Stufe 4**. Schiebe die Reste wieder mit dem Spatel nach unten.
5. Jetzt gibst du noch den Joghurt dazu und vermischst alles erneut **15–20 Sekunden/ Stufe 8**. Schiebe die Reste mit dem Spatel nach unten und vermische nochmal alles **15–20 Sekunden/ Stufe 8**. Gib nach Belieben die Petersilie dazu und mische sie **6 Sekunden/ Stufe 4** unter.
6. Fülle das fertige Brät in die heiß ausgespülten, mit etwas Öl eingeriebenen Einmachgläser und lass oben 1 cm Rand frei. Verteile die Gläser im Varoma und achte darauf, dass Schlitze frei bleiben, damit der Dampf zirkulieren kann.
7. Oder: Wenn du Lucis Gelbwurst lieber als Wurstrolle genießen möchtest, findest du die bebilderten Anleitungsschritte zum Wurst selber machen mit Wurstfolie auf der Seite 12.
8. Reinige den Mixtopf mit kaltem Wasser und einer Bürste ohne Spülmittel. Gieße das Wasser in den Mixtopf und koche es **7 Minuten/ 100°C/ Stufe 1**. Setze den Varoma vorsichtig auf den Mixtopf und gare die Wurstgläser **30 Minuten/ Varoma/ Stufe 1** oder die Wurstrollen **25 Minuten/ Varoma/ Stufe 1**.
9. Nach der Garzeit nimmst du den Varoma vorsichtig vom Mixtopf ab. Lass die Gläser auf Zimmertemperatur abkühlen und stelle sie dann in den Kühlschrank. Lege die Wurstrollen zum Abkühlen für einige Minuten in Eiswasser, entferne die Wurstfolie und lege sie anschließend in den Kühlschrank.

Achtung! Stelle die heißen Gläser NICHT in kaltes Wasser! Durch das schnelle Abkühlen können die Gläser springen.

Tipp Kinder lieben Lucys Gelbwurst – schmeckt fantastisch auf Vollkornbrot.

Mit
LUCOMA
Compound für
LUCYS
LEBERKÄSE
For kids only!
Für die fettarme Ernährung
Lucoma-Kids lieben Leberkäse!

ca. 650 g | 15 Min. + 1 Std. Antauzeit + 1 Std. Backzeit | mittel

Zutaten:

Utensilien: Auflaufform, ca. 12 x 15 cm, Höhe ca. 5 cm

350 g Geflügelfleisch (z. B. Putenoberkeule oder Hähnchenbrustfilet), gewürfelt, gefroren

150 g Eiswasser (halb Wasser, halb Eiswürfel)

150 g cremiger Joghurt, 0,1 % Fett

1 Pck. Compound für Lucys Leberkäse

1. Nimm als Erstes das gefrorene Fleisch aus dem Tiefkühlfach und lass es 1 Stunde im Kühlschrank antauen.
2. Stelle ein Glas mit abgewogenem Eiswasser und eins mit abgewogenem Joghurt bereit.
3. Gib das gewürfelte, leicht angetaute Geflügelfleisch in den Mixtopf und zerkleinere es **20 Sekunden/ Stufe 8**.
4. Nun gibst du das Compound für Lucys Leberkäse dazu und mischst es **10 Sekunden/ Stufe 4** unter.
5. Schiebe die Reste mit dem Spatel nach unten. Gib das gesamte Eiswasser dazu und mische alles **15 Sekunden/ Stufe 8**. Schiebe die Reste mit dem Spatel nach unten.
6. Gib nun den Joghurt dazu und vermische alles erneut **20 Sekunden/ Stufe 8**. Schiebe die Reste mit dem Spatel nach unten und vermische alles nochmal **20 Sekunden/ Stufe 8**.
7. Fülle das fertige Brät in eine kleine gefettete Auflaufform und streiche es mit einem Spatel glatt. Beträufle es mit etwas kaltem Wasser und streiche es erneut glatt.
8. Schneide das Brät kreuzweise mit einem scharfen Messer ein und backe es im vorgeheizten Ofen bei 140–150°C Umluft ca. 45 Minuten.
9. Nach der Backzeit stellst du die Temperatur auf 200°C hoch und backst den Leberkäse ca. 15 Minuten bis zur gewünschten Bräunung.

Kinder lieben Lucys Leberkäse in kleinen Muffinförmchen gebacken. Dazu die Backzeit auf ca. 30 Minuten reduzieren. Schmeckt auch kalt auf einer Scheibe Brot!

Mit
LUCOMA
Compound für
LUCYS
PAUSENWURST
For kids only
Für die fettarme Ernährung
Perfekter
Pausensnack!

Lucys Pausenwurst

ca. 650 g | 40 Min. + 1 Std. Antauzeit | mittel

Zutaten:

Utensilien: **Entweder** 3 Einmachgläser à ca. 290 ml **oder** Wurstfolie, Backpinsel

390 g Geflügelfleisch (z. B. Hähnchenbrustfilet oder Putenbrustfilet), gewürfelt, gefroren

130 g Eiswasser (halb Wasser, halb Eiswürfel) + etwas zum Einlegen der Wurstrollen

1 Pck. Compound für Lucys Pausenwurst

130 g cremiger Joghurt, 0,1 % Fett

1000 g lauwarmes Wasser

1. Lass das gefrorene Fleisch 1 Stunde im Kühlschrank antauen.
2. Stelle ein Glas mit abgewogenem Eiswasser bereit. Gib das gewürfelte, leicht angetaute Geflügelfleisch in den Mixtopf und zerkleinere es **20 Sekunden/ Stufe 8**.
3. Gib nun das Compound für Lucys Pausenwurst dazu und mische es **5 Sekunden/ Stufe 4** unter. Schiebe die Reste mit dem Spatel nach unten.
4. Gib das abgewogene Eiswasser dazu und mixe alles **5 Sekunden/ Stufe 4**. Schiebe die Reste wieder mit dem Spatel nach unten.
5. Jetzt gibst du noch den Joghurt dazu und vermischst alles erneut **15-20 Sekunden/ Stufe 8**. Schiebe die Reste mit dem Spatel nach unten und vermische alles nochmal.
6. Gib die Hälfte des Bräts in die Mitte der Wurstfolie (vorher einölen!) und schlage sie ein. Presse das Brät mithilfe eines Schneidebretts zu einer Rolle von ca. 3,5–5,5 cm Durchmesser. Nun rolle das Brät mit der Folie auf und presse es an den Enden zur Mitte. Schlage die Enden ein und lege die Folienrolle mit der Naht nach unten auf den Varoma-Einlegeboden. Verfahre mit der 2. Hälfte des Brät genauso. Lege die Rollen über Nacht in den Kühlschrank (mindestens 12 Stunden). Durch die Ruhezeit erhält die Wurst eine gleichmäßig rosige Farbe (Bebilderte Einzelschritte s. Seite 12).
7. Nach der Ruhezeit gibst du das Wasser in den Mixtopf und kochst es **7 Minuten/ 100°C/ Stufe 1** auf. Stelle den Varoma auf den Mixtopf und brühe die Wurstrollen **25 Minuten/ Varoma/ Stufe 1**.
8. Lege die Wurstrollen nach der Garzeit für ca. 3–5 Minuten in Eiswasser. Durch diesen Vorgang verfärben sich die Würste nicht. Wickle sie danach aus und bewahre sie in einem Behälter im Kühlschrank auf.

Stelle die heißen Gläser NICHT in kaltes Wasser! Durch das schnelle Abkühlen können die Gläser springen.

Als Einlage für die Pausenwurst eignet sich alles, was den Kleinen schmeckt.
Dazu einfach maximal 40 Gramm fein gewürfelte Einlage nach Wahl (Paprikawürfelchen, vorgegarte Karottenstückchen, vorgegarte Brokkolistückchen, diverse Kräuter) nach Schritt 5 nochmal **5 Sekunden/ Linkslauf/ Stufe 4** untermischen. Dann bei Schritt 6 weitermachen.

Fettarme Wurst

Mit
LUCOMA
Compound für
FETTARME
AUFSCHNITTWURST
Für die fettarme Ernährung
Fettarme
Vielfalt!

Fettarme Aufschnittwurst

ca. 650 g | 45 Min. + 1 Std. Antauzeit | mittel

Zutaten:

Utensilien: Wurstfolie, Backpinsel

350 g Geflügelfleisch (z. B. Hähnchenbrustfilet oder Putenbrustfilet), gewürfelt, gefroren

150 g Eiswasser (halb Wasser, halb Eiswürfel) + etwas zum Einlegen der Wurstrollen

1 Pck. Compound für fettarme Aufschnittwurst

150 g cremiger Joghurt, 0,1 % Fett

1000 g lauwarmes Wasser

1. Zuerst lässt du das gefrorene Fleisch 1 Stunde im Kühlschrank antauen.
2. Stelle ein Glas mit abgewogenem Eiswasser bereit. Gib das gewürfelte, leicht angetaute Geflügelfleisch in den Mixtopf und zerkleinere es **20 Sekunden/ Stufe 8**. Nun gibst du das Compound für fettarme Aufschnittwurst dazu und mischst es **15 Sekunden/ Stufe 4** unter. Schiebe die Reste mit dem Spatel nach unten.
3. Lass den Thermomix® auf **Stufe 4** laufen und gib dabei das Eiswasser zügig durch die Deckelöffnung dazu. Drehe dann auf **Stufe 8** hoch und verrühre das Ganze ca. **20 Sekunden/ Stufe 8**. Schiebe die Reste mit dem Spatel nach unten.
4. Jetzt gibst du noch den Joghurt dazu und vermischst alles erneut **20 Sekunden/ Stufe 8**. Schiebe die Reste mit dem Spatel nach unten und wiederhole den Vorgang. Das Brät sollte nun eine gleichmäßige Farbe und Konsistenz haben. Falls nicht, vermische alles nochmal **15 Sekunden/ Stufe 8**.
5. Fülle das fertige Brät in heiß ausgespülte und mit etwas Öl eingepinselte Gläser. Lass oben 1 cm Rand frei. Verschließe die Gläser und stelle sie in den Varoma. Achte darauf, dass Schlitze frei bleiben, damit der Dampf zirkulieren kann.
6. Reinige den Mixtopf mit kaltem Wasser und einer Bürste ohne Spülmittel.
7. Gib die Hälfte des Bräts in die Mitte der Wurstfolie (vorher einölen!) und schlage sie ein. Presse das Brät mithilfe eines Schneidebretts zu einer Rolle von ca. 3,5–5,5 cm Durchmesser. Nun rolle das Brät mit der Folie auf und presse es an den Enden zur Mitte. Schlage die Enden ein und lege die Folienrolle mit der Naht nach unten auf den Varoma-Einlegeboden. Verfahre mit der 2. Hälfte des Bräts genauso. Lege die Rollen über Nacht in den Kühlschrank (mindestens 12 Stunden). Durch die Ruhezeit erhält die Wurst eine gleichmäßig rosige Farbe (Bebilderte Einzelschritte s. Seite 12).
8. Nach der Ruhezeit gibst du das Wasser in den Mixtopf und kochst es **7 Minuten/ 100°C/ Stufe 1** auf. Stelle den Varoma auf den Mixtopf und brühe die Wurstrollen **25 Minuten/ Varoma/ Stufe 1**.
9. Lege die Wurstrollen nach der Garzeit für ca. 3–5 Minuten in Eiswasser. Durch diesen Vorgang verfärben sich die Würste nicht. Wickle sie danach aus und bewahre sie in einem Behälter im Kühlschrank auf.

Du kannst die fettarme Aufschnittwurst mit z. B. Paprika, Brokkoli oder Pilzen verfeinern. Dazu einfach maximal 40 g fein gewürfelte Einlage nach Wahl nach Schritt 5 für **5 Sekunden/ Linkslauf/ Stufe 4** untermischen. Dann mit Schritt 6 weitermachen.

Mit
LUCOMA
Compound für
FETTARME
WEISSE BRATWURST
Für die fettarme Ernährung
Für Pfanne
oder Grill!

Fettarme Bratwurst

ca. 650 g | ca. 20–25 Min. + 1 Std. Antauzeit | mittel

Zutaten:

Utensilien: Spritzbeutel mit großer Lochtülle (Ø ca. 2 cm)

350 g Geflügelfleisch (z. B. Putenoberkeule oder Hähnchenbrustfilet), gewürfelt, gefroren

150 g Eiswasser (halb Wasser, halb Eiswürfel)

1 Pck. Compound für fettarme weiße Bratwurst

150 g cremiger Joghurt, 0,1% Fett

1. Lass das gefrorene Geflügelfleisch 1 Stunde im Kühlschrank antauen.
2. Stelle ein Glas mit abgewogenem Eiswasser bereit. Gib das gewürfelte, leicht angetaute Geflügelfleisch in den Mixtopf und zerkleinere es **20 Sekunden/ Stufe 8**. Nun gibst du das Compound für fettarme weiße Bratwurst dazu und mischst es **15 Sekunden/ Stufe 4** unter. Schiebe die Reste mit dem Spatel nach unten.
3. Lass den Thermomix® auf **Stufe 4** laufen und gib dabei das Eiswasser zügig durch die Deckelöffnung dazu. Drehe dann auf **Stufe 8** hoch und verrühre das Ganze ca. **15 Sekunden/ Stufe 8**. Schiebe die Reste mit dem Spatel nach unten.
4. Nun gibst du noch den Joghurt dazu und vermischst alles erneut **20 Sekunden/ Stufe 8**. Schiebe die Reste wieder mit dem Spatel nach unten und vermische alles nochmal **20 Sekunden/ Stufe 8**.
5. Halbiere das fertige Brät und gib es in 2 Einmalspritzbeutel. Verteile etwas Wasser auf einem Teller und spritze ca. 8–10 cm lange Würste auf den Teller. Es sollten gleichmäßig dicke Würste dabei entstehen. Alternativ kannst du auch Bratwurstschnecken formen.
6. Brate die Bratwürste in einer Pfanne in etwas Öl an oder lege sie auf den Grill.

Die Würstchen können auch in heißem Wasser vorgebrüht werden. Dazu einen großen Topf mit Wasser und 1 TL Salz auf 70°C erwärmen. Die Würste in das heiße Wasser geben und ca. 10 Minuten brühen. Dann wenden und weitere 10 Minuten brühen. Achtung: Die Temperatur sollte nicht überschritten werden, da sonst die Würste zerfallen. Das Wasser darf nicht kochen. Nimm die Würste nach der Garzeit vorsichtig aus dem Wasser und lege sie für ca. 3–5 Minuten in Eiswasser. Durch diesen Vorgang verfärben sich die Würste nicht. Du kannst die Würste danach in der Pfanne braten oder bis zur weiteren Verwendung im Kühlschrank aufbewahren.

Die fettarme Bratwurst könnt ihr super mit verschiedenen Kräutern kombinieren. Ob Thymian, Rosmarin oder italienische Kräuter - verfeinert die Bratwurst ganz nach eurem eigenen Geschmack.

Mit
LUCOMA
Compound für
FETTARMEN
LEBERKÄSE
Für die fettarme Ernährung
Lecker warm
oder kalt!

Fettarmer Leberkäse

ca. 650 g | 10 Min. + 1 Std. Antauzeit + ca. 1 Std. Backzeit | mittel

Zutaten:

Utensilien: Auflaufform, ca. 12 x 15 cm, Höhe ca. 5 cm

350 g Geflügelfleisch (z. B. Putenoberkeule oder Hähnchenbrustfilet), gewürfelt, gefroren

150 g Eiswasser (halb Wasser, halb Eiswürfel)

1 Pck. Compound für fettarmen Leberkäse

150 g cremiger Joghurt, 0,1 % Fett

1. Nimm als Erstes das gefrorene Fleisch aus dem Tiefkühlfach und lass es 1 Stunde im Kühlschrank antauen.
2. Stelle ein Glas mit abgewogenem Eiswasser bereit. Gib das gewürfelte, leicht angetaute Geflügelfleisch in den Mixtopf und zerkleinere es **20 Sekunden/ Stufe 8**. Nun gibst du das Compound für fettarmen Leberkäse zu und mischst es **10 Sekunden/ Stufe 4** unter.
3. Lass den Thermomix® auf **Stufe 4** laufen und gib dabei das Eiswasser zügig durch die Deckelöffnung dazu. Drehe dann auf **Stufe 8** hoch und verrühre das Ganze ca. **20 Sekunden/ Stufe 8**. Schiebe die Reste mit dem Spatel nach unten.
4. Nun gibst du noch den Joghurt dazu und mischst ihn **20 Sekunden/ Stufe 8** unter. Schiebe die Reste mit dem Spatel nach unten und vermische alles nochmal **20 Sekunden/ Stufe 8**.
5. Fülle das fertige Brät in eine kleine, gefettete Auflauf- oder Kastenform und streiche es mit einem Spatel glatt. Beträufle es mit etwas kaltem Wasser und streiche es erneut glatt. Schneide das Brät kreuzweise mit einem scharfen Messer ein und backe es im vorgeheizten Ofen bei 130–140°C Umluft ca. 45 Minuten.
6. Nach der Backzeit stellst du die Temperatur auf 200°C hoch und backst den Leberkäse ca. 15 Minuten bis zur gewünschten Bräunung.

Du kannst den fettarmen Leberkäse mit z. B. Chili, Peperoni oder Röstzwiebeln verfeinern. Dazu einfach maximal 30-35 g fein gewürfelte Einlage nach Wahl nach Schritt 4 für **5 Sekunden/ Linkslauf/Stufe 4** untermischen. Dann mit Schritt 5 weitermachen.

Mit
LUCOMA
Compound für
FETTARME
WEISSWURST
Für die fettarme Ernährung
Im Varoma gegart!

Fettarme Weißwurst

ca. 650 g | 45 Min. + 1 Std. Antauzeit | mittel

Zutaten:

Utensilien: 3 Einmachgläser à ca. 290 ml

350 g Geflügelfleisch (z. B. Hähnchenbrustfilet oder Putenbrustfilet), gewürfelt, gefroren

150 g Eiswasser (halb Wasser, halb Eiswürfel)

etwas Bio-Zitronenabrieb

1 Pck. Compound für fettarme Weißwurst

150 g cremiger Joghurt, 0,1 % Fett

5–10 g frische Blattpetersilie

1000 g lauwarmes Wasser

1. Zunächst lässt du das gefrorene Geflügelfleisch ca. 1 Stunde im Kühlschrank antauen.
2. Stelle ein Glas mit abgewogenem Eiswasser bereit. Gib das gewürfelte, leicht angetaute Geflügelfleisch und etwas Bio-Zitronenabrieb in den Mixtopf und zerkleinere beides **20 Sekunden/ Stufe 8**. Nun gibst du das Compound für fettarme Weißwurst zu und mischst es **10 Sekunden/ Stufe 4** unter. Schiebe die Reste mit dem Spatel nach unten.
3. Lass den Thermomix® auf **Stufe 4** laufen und gib dabei das Eiswasser zügig durch die Deckelöffnung dazu. Drehe dann auf **Stufe 8** hoch und verrühre das Ganze ca. **15 Sekunden/ Stufe 8**. Schiebe die Reste mit dem Spatel nach unten.
4. Jetzt fügst du noch den Joghurt hinzu und verrührst alles **20 Sekunden/ Stufe 8**. Schiebe die Reste mit dem Spatel nach unten und vermische alles nochmal **20 Sekunden/ Stufe 8**.
5. Gib die frische Petersilie dazu und mische sie **6 Sekunden/ Stufe 4** unter.
6. Fülle das fertige Brät in heiß ausgespülte und mit etwas Öl eingefettete Einmachgläser und lass dabei oben einen Rand von 1 cm frei. Stelle die Gläser in den Varoma und achte darauf, dass Schlitze frei bleiben, damit der Dampf zirkulieren kann. Reinige den Mixtopf mit kaltem Wasser und einer Bürste ohne Spülmittel.
7. Gieße das lauwarme Wasser in den Mixtopf und lass es **7 Minuten/ 100°C/ Stufe 1** aufkochen. Setze den Varoma auf den Mixtopf und brühe die Wurst **30 Minuten/ Varoma/ Stufe 1**.
8. Nimm die Gläser mit Ofenhandschuhen (Achtung heiß!) aus dem Varoma. Öffne den Deckel und stürze die Wurst mithilfe eines Messers aus dem Glas.
9. Genieße die Wurst sofort warm mit süßem Senf und Brezel.

Die fettarme Weißwurst kannst du sehr gut vorbereiten. Die abgekühlten, verschlossenen Gläser kannst du nach dem Garen über Nacht im Kühlschrank aufbewahren und musst sie dann am nächsten Tag nur im Varoma **25–30 Minuten/ Varoma/ Stufe 1** erwärmen.
Die fettarme Weißwurst lässt sich alternativ auch super mit Wurstfolie selber machen (Bebilderte Einzelschritte s. Seite 12)!

Kochsalami

Im Varoma gegart!

Mit

Kochsalami/ Wiener Wurst

ca. 650 g (2 Rollen) | ca. 35 Min. + 1 Std. Antauzeit + 45 Min. Ruhezeit | mittel

Zutaten:

Utensilien: Wurstfolie, Backpinsel

170 g Schweinebauch, gewürfelt, gefroren

210 g Rinderhackfleisch, gefroren

210 g Schweinehackfleisch, gefroren

1 TL Paprikapulver, geräuchert, z. B. von Lucoma

60 g Eiswasser (halb Wasser, halb Eiswürfel) + etwas zum Einlegen der Wurstrollen

1 Pck. Compound für Kochsalami

1000 g lauwarmes Wasser

1. Lass das gefrorene Fleisch 1 Stunde im Kühlschrank antauen.
2. Stelle ein Glas mit abgewogenem Eiswasser bereit. Gib den gewürfelten, leicht angetauten Schweinebauch in den Mixtopf und zerkleinere ihn **10 Sekunden/ Stufe 8**. Fülle ihn anschließend in eine separate Schüssel um (s. Bild A).
3. Nun gibst du das leicht angetaute Rinderhackfleisch in den Mixtopf und zerkleinerst es **15 Sekunden/ Stufe 8** grob (s. Bild B). Gib das Compound für Kochsalami dazu und mische es **15 Sekunden/ Stufe 4** unter.
4. Lass den Thermomix® auf **Stufe 4** laufen. Füge das Eiswasser zügig durch die Deckelöffnung hinzu. Drehe dann auf **Stufe 8** hoch und mixe das Ganze ca. **20 Sekunden/ Stufe 8**. Schiebe die Reste mit dem Spatel nach unten. Zerkleinere alles erneut **20 Sekunden/ Stufe 8** (s. Bild C).
5. Gib das angetaute Schweinehackfleisch und das geräucherte Paprikapulver dazu (s. Bild D) und vermische die Zutaten **10 Sekunden/ Stufe 7**. Gib dann den umgefüllten Schweinebauch wieder hinzu (s. Bild E) und vermenge alles **10 Sekunden/ Linkslauf/ Stufe 7**. Das Brät sollte nun eine gleichmäßige Farbe und Konsistenz haben (s. Bild F). Falls nicht, vermenge alles nochmal **10 Sekunden/ Linkslauf/ Stufe 7**.
6. Fülle das fertige Brät um und reinige den Mixtopf mit kaltem Wasser und einer Bürste ohne Spülmittel.
7. Gib die Hälfte des Bräts in die Mitte der Wurstfolie (vorher einölen!) und schlage sie ein. Presse das Brät mithilfe eines Schneidebretts zu einer Rolle von ca. 3,5–5,5 cm Durchmesser (s. Bild G). Nun rolle das Brät mit der Folie auf und presse es an den Enden zur Mitte. Schlage die Enden ein und lege die Folienrolle mit der Naht nach unten auf den Varoma-Einlegeboden (s. Bild H). Verfahre mit der 2. Hälfte des Bräts genauso. Lege die Rollen über Nacht in den Kühlschrank (mindestens 12 Stunden). Durch die Ruhezeit erhält die Wurst eine gleichmäßig rosige Farbe.
8. Nach der Ruhezeit gibst du das Wasser in den Mixtopf und kochst es **7 Minuten/ 100°C/ Stufe 1** auf. Stelle den Varoma auf den Mixtopf und brühe die Wurstrollen **25 Minuten/ Varoma/ Stufe 1**.
9. Lege die Wurstrollen nach der Garzeit für ca. 3–5 Minuten in Eiswasser. Durch diesen Vorgang verfärben sich die Würste nicht. Wickle sie danach aus und bewahre sie in einem Behälter im Kühlschrank auf. Das Brät kannst du auch in Einmachgläsern brühen.

A

B

C

D

E

F

G

H
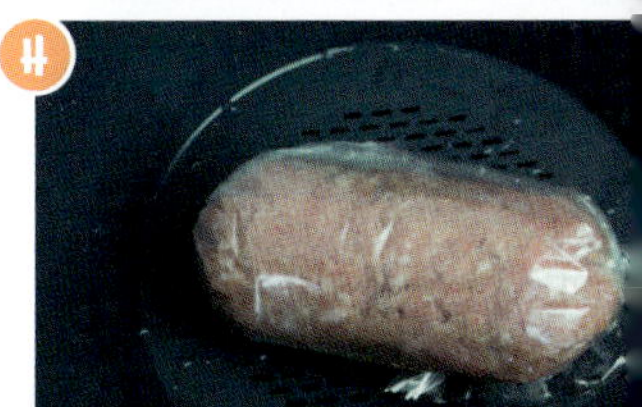

Mit
LUCOMA
Compound für
KOCHSALAMI
Vom Metzgermeister entwickelt
Im Varoma gegart!

Käse-Kochsalami/ Bergsteiger-Wurst

ca. 720 g | 40 Min. + 1 Std. Antauzeit + 12 Std. Ruhezeit | mittel

Zutaten:

Utensilien: Wurstfolie, Backpinsel

170 g Schweinebauch, gewürfelt, gefroren

210 g Rinderhackfleisch, gefroren

210 g Schweinehackfleisch, gefroren

60 g Eiswasser (halb Wasser, halb Eiswürfel) + etwas zum Einlegen der Wurstrollen

½ kl. Zwiebel (15–20 g)

1 kleine Knoblauchzehe

1 TL Paprikapulver, geräuchert, z. B. von Lucoma

1 Pck. Compound für Kochsalami

65 g Bergkäse oder Emmentaler, gewürfelt

1000 g lauwarmes Wasser

1. Lass das gefrorene Fleisch 1 Stunde im Kühlschrank antauen.
2. Stelle ein Glas mit abgewogenem Eiswasser bereit. Gib den gewürfelten, leicht angetauten Schweinebauch in den Mixtopf und zerkleinere ihn **10 Sekunden/ Stufe 8**. Fülle ihn anschließend in eine separate Schüssel um (s. Bild A).
3. Nun gibst du das leicht angetaute Rinderhackfleisch, Zwiebel, Knoblauchzehe und das geräucherte Paprikapulver in den Mixtopf und zerkleinerst alles **15 Sekunden/ Stufe 8** grob (s. Bild B). Gib das Compound für Kochsalami dazu und mische es **15 Sekunden/ Stufe 4** unter.
4. Lass den Thermomix® auf **Stufe 4** laufen. Füge das Eiswasser zügig durch die Deckelöffnung hinzu. Drehe dann auf **Stufe 8** hoch und mixe das Ganze ca. **20 Sekunden/ Stufe 8**. Schiebe die Reste mit dem Spatel nach unten. Zerkleinere alles erneut **20 Sekunden/ Stufe 8** (s. Bild C).
5. Gib das angetaute Schweinehackfleisch dazu (s. Bild D) und vermische die Zutaten **10 Sekunden/ Stufe 7**. Gib dann den umgefüllten Schweinebauch wieder hinzu (s. Bild E) und vermenge alles **10 Sekunden/ Linkslauf/ Stufe 7**. Im Anschluss gibst du jetzt noch den gewürfelten Bergkäse oder Emmentaler hinzu und hebst ihn **4 Sekunden/ Linkslauf/ Stufe 4** unter.
6. Gib die Hälfte des Bräts in die Mitte der Wurstfolie (einölen!) und schlage sie ein. Presse das Brät mithilfe eines Schneidebretts zu einer Rolle von ca. 3,5–5,5 cm Durchmesser (s. Bild G). Nun rolle das Brät mit der Folie auf und presse es an den Enden zur Mitte. Schlage die Enden ein und lege die Folienrolle mit der Naht nach unten auf den Varoma-Einlegeboden (s. Bild H). Verfahre mit der 2. Hälfte des Bräts genauso. Lege die Rollen über Nacht in den Kühlschrank (mind. 12 Stunden). Durch die Ruhezeit erhält die Wurst eine gleichmäßig rosige Farbe (Bebilderte Einzelschritte s. Seite 12)
7. Nach der Ruhezeit gibst du das Wasser in den Mixtopf und kochst es **7 Minuten/ 100°C/ Stufe 1** auf. Stelle den Varoma auf den Mixtopf und brühe die Wurstrollen **25 Minuten/ Varoma/ Stufe 1**.
8. Lege die Wurstrollen nach der Garzeit für ca. 3–5 Minuten in Eiswasser. Durch diesen Vorgang verfärben sich die Würste nicht. Wickle sie danach aus und bewahre sie in einem Behälter im Kühlschrank auf.

A

B

C

D

E

F

G

Mit
Lecker Knobi!
LUCOMA
Compound für
KOCHSALAMI
Vom Metzgermeister entwickelt

Knoblauch-Kochsalami

ca. 650 g | 40 Min. + 1 Std. Antauzeit + 12 Std. Ruhezeit | mittel

Zutaten:

Utensilien: Wurstfolie, Backpinsel
170 g Schweinebauch, gewürfelt, gefroren
210 g Rinderhackfleisch, gefroren
210 g Schweinehackfleisch, gefroren
60 g Eiswasser (halb Wasser, halb Eiswürfel)
½ kl. Zwiebel (15–20 g)
2–3 Knoblauchzehen
1 Pck. Compound für Kochsalami
1000 g lauwarmes Wasser

1. Lass das gefrorene Fleisch 1 Stunde im Kühlschrank antauen.
2. Stelle ein Glas mit abgewogenem Eiswasser bereit. Gib den gewürfelten, leicht angetauten Schweinebauch in den Mixtopf und zerkleinere ihn **10 Sekunden/ Stufe 8**. Fülle ihn anschließend in eine separate Schüssel um (s. Bild A).
3. Nun gibst du das leicht angetaute Rinderhackfleisch, Zwiebel und Knoblauch in den Mixtopf und zerkleinerst es **15 Sekunden/ Stufe 8** grob (s. Bild B). Gib das Compound für Kochsalami dazu und mische es **15 Sekunden/ Stufe 4** unter.

4. Lass den Thermomix® auf **Stufe 4** laufen. Gib das Eiswasser zügig durch die Deckelöffnung hinzu. Drehe dann auf **Stufe 8** hoch und mixe das Ganze ca. **20 Sekunden/ Stufe 8**.
5. Schiebe die Reste mit dem Spatel nach unten. Zerkleinere alles erneut **20 Sekunden/ Stufe 8** (s. Bild C).

6. Gib das angetaute Schweinehackfleisch dazu (s. Bild D) und vermische die Zutaten **10 Sekunden/ Stufe 7**. Gib den umgefüllten Schweinebauch wieder hinzu (s. Bild E) und vermenge alles **10 Sekunden/ Linkslauf/ Stufe 7**.

7. Gib die Hälfte des Bräts in die Mitte der Wurstfolie (einölen!) und schlage sie ein. Presse das Brät mithilfe eines Schneidebretts zu einer Rolle von ca. 3,5–5,5 cm Durchmesser. Nun rolle das Brät mit der Folie auf und presse es an den Enden zur Mitte. Schlage die Enden ein und lege die Folienrolle mit der Naht nach unten auf den Varoma-Einlegeboden. Verfahre mit der 2. Hälfte des Bräts genauso. Lege die Rollen über Nacht in den Kühlschrank (mind. 12 Stunden). Durch die Ruhezeit erhält die Wurst eine gleichmäßig rosige Farbe (Bebilderte Einzelschritte s. Seite 12)

8. Nach der Ruhezeit gibst du das Wasser in den Mixtopf und kochst es **7 Minuten/ 100°C/ Stufe 1** auf. Stelle den Varoma auf den Mixtopf und brühe die Wurstrollen **25 Minuten/ Varoma/ Stufe 1**.
9. Lege die Wurstrollen nach der Garzeit für ca. 3–5 Minuten in Eiswasser. Durch diesen Vorgang verfärben sich die Würste nicht. Wickle sie danach aus und bewahre sie in einem Behälter im Kühlschrank auf.

Mit
LUCOMA
Compound für
KOCHSALAMI
Vom Metzgermeister entwickelt
Im Glas
gegart!

„Puszta"-Kochsalami

ca. 650 g | 40 Min. + 1 Std. Antauzeit + 45 Min. Ruhezeit | mittel

Zutaten:

Utensilien: 3 Einmachgläser à ca. 290 ml

170 g Schweinebauch, gewürfelt, gefroren

210 g Rinderhackfleisch, gefroren

210 g Schweinehackfleisch, gefroren

60 g Eiswasser (halb Wasser, halb Eiswürfel)

½ kleine Zwiebel (15–20 g)

1 kleine Knoblauchzehe

1 TL Paprikapulver, edelsüß oder rosenscharf, z. B. von Lucoma

1 TL Paprikaflocken, getrocknet, alternativ Chiliflocken

1 Pck. Compound für Kochsalami

1000 g lauwarmes Wasser

1. Lass das gefrorene Fleisch 1 Stunde im Kühlschrank antauen.
2. Stelle ein Glas mit abgewogenem Eiswasser bereit. Gib den gewürfelten, leicht angetauten Schweinebauch in den Mixtopf und zerkleinere ihn **10 Sekunden/ Stufe 8**. Fülle ihn anschließend in eine separate Schüssel um.
3. Nun gibst du das leicht angetaute Rinderhackfleisch, Zwiebel, Knoblauchzehe, Paprikapulver und Paprikaflocken in den Mixtopf und zerkleinerst es **15 Sekunden/ Stufe 8** grob. Gib das Compound für Kochsalami dazu und mische es **15 Sekunden/ Stufe 4** unter.
4. Lass den Thermomix® auf **Stufe 4** laufen. Gib das Eiswasser zügig durch die Deckelöffnung hinzu. Drehe dann auf Stufe 8 hoch und mixe das Ganze ca. **20 Sekunden/ Stufe 8**.
5. Schiebe die Reste mit dem Spatel nach unten. Zerkleinere alles erneut **20 Sekunden/ Stufe 8**.
6. Gib das angetaute Schweinehackfleisch dazu und vermische die Zutaten **10 Sekunden/ Stufe 7**.
7. Gib den umgefüllten Schweinebauch wieder hinzu und vermenge alles **10 Sekunden/ Linkslauf/ Stufe 7**.
8. Fülle das fertige Brät um und gib es in die heiß ausgespülten Einmachgläser, lass dabei oben einen Rand von 1 cm frei. Stelle die Gläser über Nacht (mindestens 12 Stunden) in den Kühlschrank und lass sie ruhen. Durch die Ruhezeit erhält die Wurst eine gleichmäßig rosige Farbe.
9. Reinige den Mixtopf mit kaltem Wasser und einer Bürste ohne Spülmittel.
10. Gib das Wasser nach der Ruhezeit in den Mixtopf und koche es **7 Minuten/ 100°C/ Stufe 1** auf. Stelle den Varoma auf den Mixtopf und brühe die Gläser **30 Minuten/ Varoma/ Stufe 1**.
11. Nimm nach Garzeitende den Varoma samt Gläsern vom Mixtopf herunter und lass die Gläser auf Zimmertemperatur abkühlen. Stelle die abgekühlten Gläser in den Kühlschrank

LUCOMA
www.lucoma.de
Thymian
gerebelt

Leberkäse

Lecker aus
dem Ofen!

Altbayerischer Leberkäse mit Rohgewürzen

ca. 650 g | 13 Min. + 1 Std. Antauzeit + 12 Std. Ruhezeit + ca. 70 Min. Backzeit | mittel

Zutaten:

Utensilien: Auflaufform, ca. 12 x 15 cm, Höhe ca. 5 cm

300 g Schweinebauch, gewürfelt, gefroren

230 g gemischtes Gulasch, gefroren (altern. gemischtes Hackfleisch)

19 g Nitritpöckelsalz, 0,4–0,5 %

1 g Ascorbat (E 301)

3 g Phosphat (E 450)

1–2 g weißer Pfeffer

0,5 g Muskat, gemahlen

1 g Majoran, gerebelt

120 g Eiswasser (halb Wasser, halb Eiswürfel)

6 g Zwiebel, frisch

etwas Bio-Zitronenabrieb

1. Als Erstes nimmst du das gefrorene Fleisch aus dem Tiefkühlfach und lässt es 1 Stunde im Kühlschrank antauen.
2. Jetzt wiegst du die Zusatzstoffe, also Nitritpöckelsalz, Ascorbat und Phosphat, einzeln ab. Dann wiegst du die Gewürze, also Pfeffer, Muskat und Majoran, ab.
3. Stelle ein Glas mit abgewogenem Eiswasser bereit. Gib den gewürfelten, leicht angetauten Schweinebauch in den Mixtopf und zerkleinere ihn **15 Sekunden/ Stufe 8** (s. Bild A). Fülle den zerkleinerten Schweinebauch in eine separate Schüssel um (s. Bild B).
4. Gib das leicht angetaute gemischte Gulasch, die frische Zwiebel und den Zitronenabrieb in den Mixtopf und zerkleinere die Zutaten **15 Sekunden/ Stufe 8** grob (s. Bild C). Gib nun die abgewogenen Zusatzstoffe (Nitritpöckelsalz, Ascorbat, Phosphat) zu und mische sie **15 Sekunden/ Stufe 4** unter. 6. Lass den Thermomix® auf **Stufe 4** laufen. Gib das Eiswasser zügig durch die Deckelöffnung dazu. Drehe dann auf **Stufe 8** hoch und verrühre das Ganze ca. **20 Sekunden/ Stufe 8** (s. Bild E).
5. Schiebe die Reste mit dem Spatel nach unten, gib dann die abgewogenen Gewürze (Pfeffer, Muskat, Majoran) dazu und vermische die Zutaten **20 Sekunden/ Stufe 8** (s. Bild F). Schiebe die Reste wieder mit dem Spatel nach unten und vermische die Zutaten mithilfe des Spatels erneut **40 Sekunden/ Stufe 8**.
6. Das Brät sollte nun eine gleichmäßige Farbe und Konsistenz haben. Falls nicht, vermische alles nochmal **20 Sekunden/ Stufe 8**.
7. Gib den umgefüllten Schweinebauch dazu und mische ihn **8 Sekunden/ Linkslauf/ Stufe 5** unter.
8. Fülle das Brät in eine kleine, gefettete Auflaufform und streiche es mit einem Spatel glatt, decke es ab und stell es für mindestens 12 Stunden in den Kühlschrank.
9. Schneide das Brät nach der Ruhezeit kreuzweise mit einem scharfen Messer ein und backe es ca. 55 Minuten im vorgeheizten Ofen bei 140–150°C Umluft. Nach der Backzeit stellst du die Temperatur auf 200°C hoch und backst den Leberkäse ca. 15 Minuten bis zur gewünschten Bräunung.

A

B
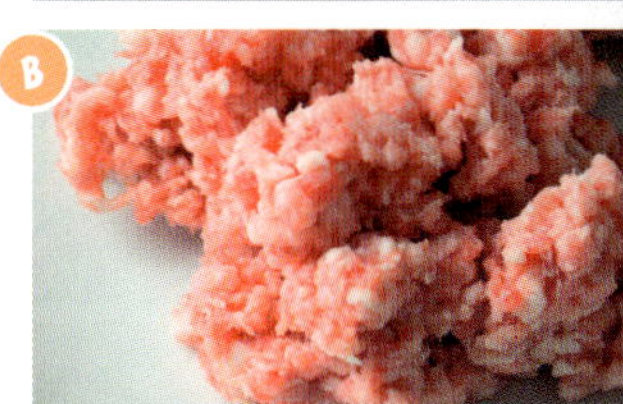

C

D

E
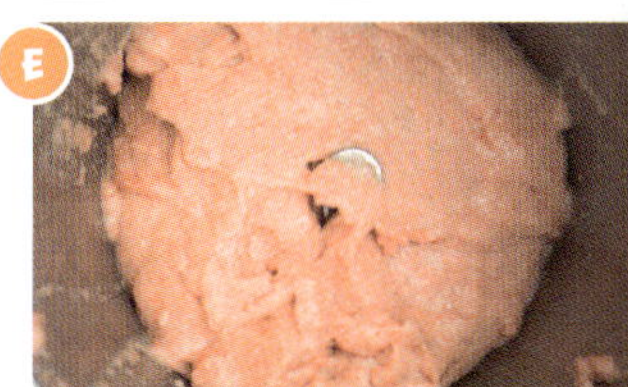

F

Mit
Vom Metzgermeister entwickelt
LUCOMA
Compound für
BAYERISCHEN LEBERKÄSE
Hier geht's zum Rezept!
Kalt köstlich zur Brozeit!

Bayerischer Leberkäse

ca. 650 g | 15 Min. + 1 Std. Antauzeit + ca. 1 Std. Backzeit | mittel

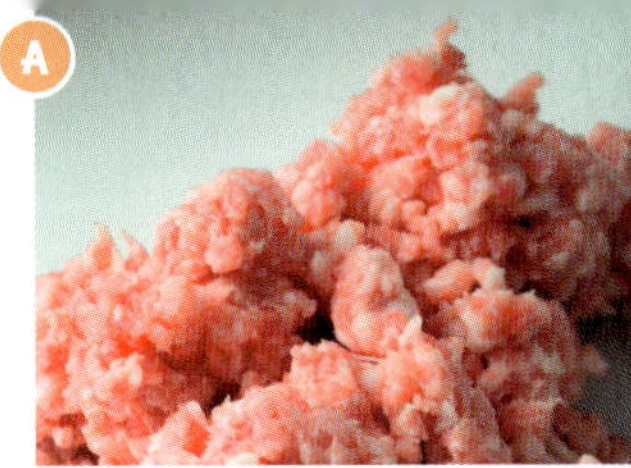

Zutaten:

Utensilien: Auflaufform, ca. 12 x 15 cm, Höhe ca. 5 cm

200 g Schweinebauch, gewürfelt, gefroren

300 g Schweinegulasch, gefroren

150 g Eiswasser (halb Wasser, halb Eiswürfel)

1 Pck. Compound für bayerischen Leberkäse

1. Als Erstes nimmst du das gefrorene Fleisch aus dem Tiefkühlfach und lässt es 1 Stunde im Kühlschrank antauen.
2. Stelle ein Glas mit abgewogenem Eiswasser bereit. Gib den gewürfelten, leicht angetauten Schweinebauch in den Mixtopf und zerkleinere ihn **1-1:20 Minute/ Stufe 8** (s. Bild A). Die Konsistenz sollte einem klebrigen Brotteig ähneln. Fülle den zerkleinerten Schweinebauch in eine separate Schüssel um (s. Bild B). Heize den Backofen auf 140–150°C Umluft vor.
3. Gib das leicht angetaute Schweinegulasch in den Mixtopf und zerkleinere es **15 Sekunden/ Stufe 8** grob vor (s. Bild C). Gib das Compound für bayerischen Leberkäse zu und mische es **15 Sekunden/ Stufe 4** unter.
4. Lass den Thermomix® auf **Stufe 4** laufen und gib das Eiswasser zügig durch die Deckelöffnung dazu. Drehe dann auf **Stufe 8** hoch und verrühre das Ganze ca. **20 Sekunden/ Stufe 8**. Schiebe die Reste mit dem Spatel nach unten und vermische die Zutaten **20 Sekunden/ Stufe 8**. Schiebe die Reste wieder mit dem Spatel nach unten und vermische die Zutaten erneut **20 Sekunden/ Stufe 8**.
5. Nun stelle den Thermomix® auf **30 Sekunden/ Stufe 8** und gib dabei den umgefüllten Schweinebauch zügig mithilfe des Spatels portionsweise durch die Deckelöffnung hinzu (s. Bild D). Schiebe die Reste mit dem Spatel nach unten.
6. Vermische das Ganze nun ca. **40 Sekunden/ Stufe 8**. Das Brät sollte nun eine gleichmäßige Farbe und Konsistenz haben (s. Bild E). Falls nicht, vermische alles nochmal **20 Sekunden/ Stufe 8**.
7. Fülle das Brät in eine kleine, gefettete Auflaufform und streiche es mit einem Spatel glatt. Schneide das Brät kreuzweise mit einem scharfen Messer ein und backe es im vorgeheizten Ofen bei 140–150°C Umluft ca. 45 Minuten.
8. Nach der Backzeit stellst du die Temperatur auf 200°C hoch und backst den Leberkäse ca. 15 Minuten bis zur gewünschten Bräunung.

Tipp

Du kannst das Brät bereits am Vortag herstellen und am nächsten Tag backen. Decke dafür das vorbereitete Brät in der Form mit Frischhaltefolie ab und bewahre es im Kühlschrank auf. Nimm die Form mit dem Brät ca. 25 Minuten vor dem Backen aus dem Kühlschrank, damit es in der angegebenen Zeit durch wird.
Auch lecker: Gebratener Leberkäse mit Spiegelei (s. Bild F).

Mit
Vom Metzgermeister entwickelt
LUCOMA
Compound für
BAYERISCHEN
LEBERKÄSE
LUCOMA
Hier geht's zum Rezept!
Einfach scannen und los geht's.
Feurige
Variante!

Chili-Leberkäse

ca. 715 g | 15 Min. + 1 Std. Antauzeit + ca. 1 Std. Backzeit | mittel

Zutaten:

Utensilien: Auflaufform, ca. 12 x 15 cm, Höhe ca. 5 cm

200 g Schweinebauch, gewürfelt, gefroren

300 g Schweinegulasch, gefroren

150 g Eiswasser (halb Wasser, halb Eiswürfel)

1 Pck. Compound für bayerischen Leberkäse

1–2 TL Chiliflocken, je nach Geschmack

1. Als Erstes nimmst du das gefrorene Fleisch aus dem Tiefkühlfach und lässt es 1 Stunde im Kühlschrank antauen.
2. Stelle ein Glas mit abgewogenem Eiswasser bereit. Gib den gewürfelten, leicht angetauten Schweinebauch in den Mixtopf und zerkleinere ihn **1:00–1:20 Minute/ Stufe 8** (s. Bild A). Die Konsistenz sollte einem klebrigen Brotteig ähneln. Fülle den zerkleinerten Schweinebauch in eine separate Schüssel um (s. Bild B). Heize den Backofen auf 140–150°C Umluft vor.
3. Gib das leicht angetaute Schweinegulasch in den Mixtopf und zerkleinere es **15 Sekunden/ Stufe 8** grob vor (s. Bild C) Gib das Compound für bayerischen Leberkäse zu und mische es **15 Sekunden/ Stufe 4** unter.
4. Lass den Thermomix® auf **Stufe 4** laufen. Gib das Eiswasser zügig durch die Deckelöffnung dazu. Drehe dann auf **Stufe 8** hoch und verrühre das Ganze ca. **20 Sekunden/ Stufe 8**.
5. Schiebe die Reste mit dem Spatel nach unten und vermische die Zutaten **20 Sekunden/ Stufe 8**. Schiebe die Reste wieder mit dem Spatel nach unten und vermische die Zutaten erneut **20 Sekunden/ Stufe 8**.
6. Nun stelle das Gerät auf **30 Sekunden/ Stufe 8** und gib dabei zügig den umgefüllten Schweinebauch mithilfe des Spatels portionsweise durch die Deckelöffnung zu (s. Bild D). Schiebe die Reste mit dem Spatel nach unten.
7. Vermische das Ganze ca. **40 Sekunden/ Stufe 8**. Das Brät sollte nun eine gleichmäßige Farbe und Konsistenz haben (s. Bild E). Falls nicht, vermische alles nochmal **20 Sekunden/ Stufe 8**. Jetzt die Chiliflocken in den Mixtopf geben und **5 Sekunden/ Linkslauf/ Stufe 4** untermischen.
8. Fülle das Brät in eine kleine, gefettete Auflaufform und streiche es mit einem Spatel glatt. Schneide das Brät kreuzweise mit einem scharfen Messer ein und backe es im vorgeheizten Ofen bei 140–150°C Umluft ca. 45 Minuten. Nach der Backzeit stellst du die Temperatur auf 200°C hoch und backst den Leberkäse ca. 15 Minuten bis zur gewünschten Bräunung.

Tipp

Du kannst das Brät bereits am Vortag herstellen und am nächsten Tag backen. Decke dafür das vorbereitete Brät in der Form mit Frischhaltefolie ab und bewahre es im Kühlschrank auf. Nimm die Form mit dem Brät ca. 25 Minuten vor dem Backen aus dem Kühlschrank, damit es in der angegebenen Zeit durch wird.

Mit
Vom Metzgermeister entwickelt
LUCOMA
Compound für
BAYERISCHEN
LEBERKÄSE
Hier geht's zum Rezept!
Einfach scannen und los geht's.
Für Käse-
Liebhaber!

Käse-Leberkäse

ca. 715 g | 15 Min. + 1 Std. Antauzeit + ca. 1 Std. Backzeit | mittel

Zutaten:

Utensilien: Auflaufform, ca. 12 x 15 cm, Höhe ca. 5 cm

200 g Schweinebauch, gewürfelt, gefroren

300 g Schweinegulasch, gefroren

150 g Eiswasser (halb Wasser, halb Eiswürfel)

1 Pck. Compound für bayerischen Leberkäse

65 g Emmentaler oder Bergkäse, gewürfelt

1. Als Erstes nimmst du das gefrorene Fleisch aus dem Tiefkühlfach und lässt es 1 Stunde im Kühlschrank antauen.

2. Stelle ein Glas mit abgewogenem Eiswasser bereit. Gib den gewürfelten, leicht angetauten Schweinebauch in den Mixtopf und zerkleinere ihn **1:00–1:20 Minute/ Stufe 8** (s. Bild A). Die Konsistenz sollte einem klebrigen Brotteig ähneln. Fülle den zerkleinerten Schweinebauch in eine separate Schüssel um (s. Bild B). Heize den Backofen auf 140–150°C Umluft vor.

3. Gib das leicht angetaute Schweinegulasch in den Mixtopf und zerkleinere es **15 Sekunden/ Stufe 8** grob vor (s. Bild C). Gib das Compound für bayerischen Leberkäse zu und mische es **15 Sekunden/ Stufe 4** unter.

4. Lass den Thermomix® auf **Stufe 4** laufen. Gib das Eiswasser zügig durch die Deckelöffnung dazu. Drehe dann auf **Stufe 8** hoch und verrühre das Ganze ca. **20 Sekunden/ Stufe 8**. Schiebe die Reste mit dem Spatel nach unten und vermische die Zutaten **20 Sekunden/ Stufe 8**. Schiebe die Reste wieder mit dem Spatel nach unten und vermische die Zutaten erneut **20 Sekunden/ Stufe 8**.

5. Nun stelle den Thermomix® auf **30 Sekunden/ Stufe 8** und gib dabei den umgefüllten Schweinebauch zügig mithilfe des Spatels portionsweise durch die Deckelöffnung hinzu (s. Bild D). Schiebe die Reste mit dem Spatel nach unten.

6. Vermische das Ganze nun ca. **40 Sekunden/ Stufe 8**. Das Brät sollte jetzt eine gleichmäßige Farbe und Konsistenz haben (s. Bild E). Falls nicht, vermische alles nochmal **20 Sekunden/ Stufe 8**. Jetzt die Käsewürfel in den Mixtopf geben und **5 Sekunden/ Linkslauf/ Stufe 4** untermischen.

7. Fülle das Brät in eine kleine, gefettete Auflaufform und streiche es mit einem Spatel glatt. Schneide das Brät mit einem scharfen Messer kreuzweise ein und backe es im vorgeheizten Ofen bei 140–150°C Umluft ca. 45 Minuten. Nach der Backzeit stellst du die Temperatur auf 200°C hoch und backst den Leberkäse ca. 15 Minuten bis zur gewünschten Bräunung.

Tipp

Du kannst das Brät bereits am Vortag herstellen und am nächsten Tag backen. Decke dafür das vorbereitete Brät in der Form mit Frischhaltefolie ab und bewahre es im Kühlschrank auf. Nimm die Form mit dem Brät ca. 25 Minuten vor dem Backen aus dem Kühlschrank, damit es in der angegebenen Zeit durch wird.

Mit
Vom Metzgermeister entwickelt
LUCOMA
Compound für
BAYERISCHEN
LEBERKÄSE
Hier geht's zum Rezept!
Beliebter
Klassiker!

Pizza-Leberkäse

ca. 780 g | 15 Min. + 1 Std. Antauzeit + ca. 60 Min. Backzeit | mittel

Zutaten:

Utensilien: Auflaufform, ca. 12 x 15 cm, Höhe ca. 5 cm

200 g Schweinebauch, gewürfelt, gefroren

300 g Schweinegulasch, gefroren

150 g Eiswasser (halb Wasser, halb Eiswürfel)

1 Pck. Compound für bayerischen Leberkäse

65 g Hartkäse, z. B. klein gewürfelter Emmentaler

30 g Salami, gewürfelt

30 g Paprika, rot, gewürfelt

1 EL Pizza-Gewürz, z. B. „Pizza Pasta" von Lucoma

1. Als Erstes nimmst du das gefrorene Fleisch aus dem Tiefkühlfach und lässt es 1 Stunde im Kühlschrank antauen.
2. Stelle ein Glas mit abgewogenem Eiswasser bereit. Gib den gewürfelten, leicht angetauten Schweinebauch in den Mixtopf und zerkleinere ihn **1-1:20 Minute/ Stufe 8** (s. Bild A). Die Konsistenz sollte einem klebrigen Brotteig ähneln. Fülle den zerkleinerten Schweinebauch in eine separate Schüssel um (s. Bild B). Heize den Backofen auf 140–150°C Umluft vor.
3. Gib das leicht angetaute Schweinegulasch in den Mixtopf und zerkleinere es **15 Sekunden/ Stufe 8** grob vor (s. Bild C) Gib das Compound für bayerischen Leberkäse zu und mische es **15 Sekunden/ Stufe 4** unter.
4. Lass den Thermomix® auf **Stufe 4** laufen. Gib das Eiswasser zügig durch die Deckelöffnung dazu. Drehe dann auf **Stufe 8** hoch und verrühre das Ganze ca. **20 Sekunden/ Stufe 8**.
5. Schiebe die Reste mit dem Spatel nach unten und vermische die Zutaten **20 Sekunden/ Stufe 8**. Schiebe die Reste wieder mit dem Spatel nach unten und vermische die Zutaten erneut **20 Sekunden/ Stufe 8**.
6. Nun stelle den Thermomix® auf **30 Sekunden/ Stufe 8** und gib dabei den umgefüllten Schweinebauch zügig mithilfe des Spatels portionsweise durch die Deckelöffnung zu (s. Bild D). Schiebe die Reste mit dem Spatel nach unten.
7. Vermische das Ganze nun ca. **40 Sekunden/ Stufe 8**. Das Brät sollte jetzt eine gleichmäßige Farbe und Konsistenz haben (s. Bild E). Falls nicht, vermische alles nochmal **20 Sekunden/ Stufe 8**. Jetzt gib die Hartkäsewürfel, die Salamiwürfel, die Paprikastückchen sowie das Pizza-Gewürz dazu und vermische alles **5 Sekunden/ Linkslauf/ Stufe 4**.
8. Fülle das Brät in eine kleine, gefettete Auflaufform und streiche es mit einem Spatel glatt. Schneide das Brät kreuzweise mit einem scharfen Messer ein und backe es im vorgeheizten Ofen bei 140–150°C Umluft ca. 45 Minuten.
9. Nach der Backzeit stellst du die Temperatur auf 200°C und backst den Leberkäse ca. 15 Minuten. Form mit dem Brät ca. 25 Minuten vor dem Backen aus dem Kühlschrank, damit es in der angegebenen Zeit durch wird.

A

B

C

D

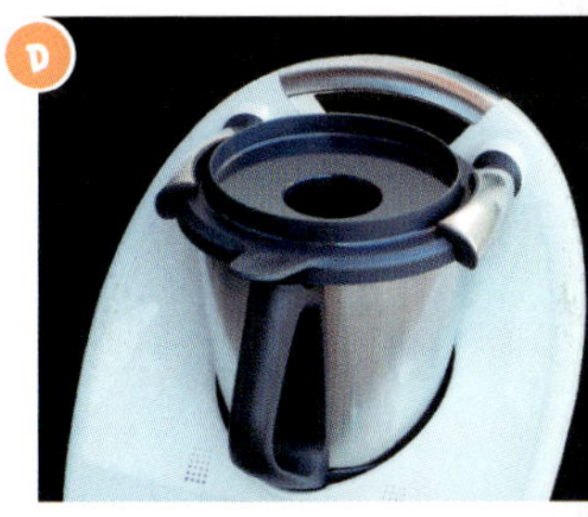

E

F

Mit
LUCOMA
Compound für
WILD
LEBERKÄSE
Vom Metzgermeister entwickelt
Jetzt wird´s wild!

Wild-Leberkäse

ca. 650 g | 15 Min. + 1 Std. Antauzeit + ca. 1 Std. Backzeit | mittel

Zutaten:

Utensilien: Auflaufform, ca. 12 x 15 cm, Höhe ca. 5 cm

200 g Schweinebauch, gewürfelt, gefroren

300 g Wildfleisch (z. B. Reh, Hirsch oder Wildschwein), gewürfelt, gefroren

150 g Eiswasser (halb Wasser, halb Eiswürfel)

1 Pck. Compound für Wild-Leberkäse

1. Als Erstes nimmst du das gefrorene Fleisch aus dem Tiefkühlfach und lässt es 1 Stunde im Kühlschrank antauen.
2. Stelle ein Glas mit abgewogenem Eiswasser bereit. Gib den gewürfelten, leicht angetauten Schweinebauch in den Mixtopf und zerkleinere ihn **1:00–1:20 Minute/ Stufe 8**. Die Konsistenz sollte einem klebrigen Brotteig ähneln. Fülle den zerkleinerten Schweinebauch in eine separate Schüssel um. Heize den Backofen auf 140–150°C Umluft vor.
3. Gib das leicht angetaute Wildfleisch in den Mixtopf und zerkleinere es **15 Sekunden/ Stufe 8** grob vor. Gib das Compound für Wild-Leberkäse zu und mische es **15 Sekunden/ Stufe 4** unter.
4. Lass den Thermomix® auf **Stufe 4** laufen und gib das Eiswasser zügig durch die Deckelöffnung dazu. Drehe dann auf **Stufe 8** hoch und mixe das Ganze ca. **20 Sekunden/ Stufe 8**.
5. Schiebe die Reste mit dem Spatel nach unten und vermische die Zutaten **20 Sekunden/ Stufe 8**. Schiebe die Reste wieder mit dem Spatel nach unten und vermische die Zutaten erneut **20 Sekunden/ Stufe 8**.
6. Nun stelle das Gerät auf **30 Sekunden/ Stufe 8** und gib dabei den umgefüllten Schweinebauch zügig mithilfe des Spatels portionsweise durch die Deckelöffnung dazu. Schiebe die Reste mit dem Spatel nach unten.
7. Vermische das Ganze nun ca. **40 Sekunden/ Stufe 8**. Das Brät sollte nun eine gleichmäßige Farbe und Konsistenz haben. Falls nicht, vermische alles nochmal **20 Sekunden/ Stufe 8**.
8. Fülle das Brät in eine kleine, gefettete Auflaufform und streiche es mit einem Spatel glatt. Schneide das Brät mit einem scharfen Messer kreuzweise ein und backe es im vorgeheizten Ofen bei 140–150°C Umluft ca. 45 Minuten.
9. Nach der Backzeit stellst du die Temperatur auf 200°C hoch und backst den Leberkäse ca. 15 Minuten bis zur gewünschten Bräunung.

Du kannst das Brät bereits am Vortag herstellen und am nächsten Tag backen. Decke dafür das vorbereitete Brät in der Form mit Frischhaltefolie ab und bewahre es im Kühlschrank auf. Nimm die Form mit dem Brät ca. 25 Minuten vor dem Backen aus dem Kühlschrank, damit es in der angegebenen Zeit durch wird.
Der Wild-Leberkäse lässt sich wie alle Leberkäse-Sorten super mit Chili, Peperoni oder verschiedenen Kräutern verfeinern - hier sind eurer Fantasie keine Grenzen gesetzt!

Rind

Mit
LUCOMA
Compound für
CORNED BEEF
Vom Metzgermeister entwickelt
Reines Rind!

Corned Beef

500 g | 1 Std. 10 Min. + 1 Std. Antauzeit + 24 Std. Ruhezeit | mittel

Zutaten:

Utensilien: 3 Einmachgläser à ca. 290 ml

500 g mageres Rindfleisch, z. B. aus der Schulter oder Keule, gewürfelt, gefroren

1 Pck. Compound für Corned Beef

200 g kaltes Wasser

1000 g lauwarmes Wasser

1. Nimm das gefrorene Rindfleisch aus dem Tiefkühlfach und lass es im Kühlschrank 1 Stunde antauen.
2. Gib 250 g leicht angetautes, gewürfeltes Rindfleisch in den Mixtopf und zerkleinere es **10 Sekunden/ Stufe 8**. Fülle das zerkleinerte Fleisch in eine separate Schüssel um.
3. Gib die restlichen 250 g Rindfleisch in den Mixtopf und zerkleinere auch sie **10 Sekunden/ Stufe 8**. Schiebe die Reste mit dem Spatel nach unten und gib das beiseitegestellte Rindfleisch wieder in den Mixtopf dazu.
4. Nun fügst du das Compound für Corned Beef dazu und mischt es **10 Sekunden/ Stufe 4** unter.
5. Gib das kalte Wasser dazu und rühre es **20 Sekunden/ Stufe 6** unter, bis alles gut vermischt ist.
6. Fülle das fertige Brät in eingefettete Einmachgläser, lass dabei oben einen Rand von 1 cm frei. Stelle die Gläser in den Kühlschrank und lass das Brät 24 Stunden im Kühlschrank ruhen.
7. Nach der Ruhezeit nimmst du die Gläser aus dem Kühlschrank, verschließt sie und verteilst sie dann im Varoma. Achte dabei darauf, dass Schlitze frei bleiben, damit der Dampf zirkulieren kann.
8. Gib das lauwarme Wasser in den Mixtopf und koche es **7 Minuten/ 100°C/ Stufe 1** auf. Stelle den Varoma auf den Mixtopf und gare das Brät **60 Minuten/ Varoma/ Stufe 1**.
9. Nimm nach der Garzeit den Varoma samt Gläsern ab und lass sie auf Zimmertemperatur abkühlen. Stelle die abgekühlten Gläser in den Kühlschrank.

Stelle die heißen Gläser NICHT in kaltes Wasser! Durch das schnelle Abkühlen können die Gläser springen.

Gekühlt genießen, dann ist das Corned Beef schön schnittfest!

Türkische Sucuk

2 Sucukwürste | 5 Min. + 1 Std. Antauzeit + 12 Std. Ruhezeit | mittel

Zutaten:

Utensilien: Wurstfolie, Backpinsel

580 g mageres Rindfleisch, z. B. aus der Schulter oder Keule, gewürfelt, gefroren

2 frische Knoblauchzehen

1 Pck. Compound für türkische Sucuk

20 g kaltes Wasser

1. Lass zunächst das gefrorene Rindfleisch 1 Stunde im Kühlschrank antauen.
2. Gib 290 g gewürfeltes, leicht angetautes Rindfleisch gemeinsam mit den Knoblauchzehen in den Mixtopf und zerkleinere beides **20 Sekunden/ Stufe 8**. Fülle die Masse in eine separate Schüssel um.
3. Nun gibst du die restlichen 290 g gewürfeltes, leicht angetautes Rindfleisch in den Mixtopf und zerkleinerst das Fleisch wiederum **20 Sekunden/ Stufe 8**. Gib das zuvor zerkleinerte Fleisch wieder in den Mixtopf dazu.
4. Füge jetzt das Compound für türkische Sucuk hinzu und mische es **10 Sekunden/ Stufe 4** unter. Gieße das Wasser dazu und mische es **15 Sekunden/ Stufe 4** unter.
5. Gib die Hälfte der Masse in die Mitte der Wurstfolie und schlage sie ein). Presse die Masse mithilfe eines Schneidebretts zu einer Rolle von ca. 3,5–5,5 cm Durchmesser. Nun rolle das Brät mit der Folie auf und presse es an den Enden zur Mitte. Schlage die Enden ein und lege die Folienrolle mit der Naht nach unten in den Kühlschrank. Verfahre mit der 2. Hälfte der Masse genauso. Die Masse muss nun mindestens 12 Stunden im Kühlschrank reifen. (Bebilderte Einzelschritte s. Seite 12)
6. Nach der Reifezeit kannst du die Sucuk roh oder auch gebraten/ gegrillt genießen.

Bosnische Sucuk

2 Sucukwürste | 5 Min. + 1 Std. Antauzeit + 12 Std. Ruhezeit | mittel

Zutaten:

Utensilien: Wurstfolie, Backpinsel

600 g mageres Rindfleisch, z. B. aus der Schulter oder Keule, gewürfelt, gefroren

1 frische Knoblauchzehe

1 Pck. Compound für bosnische Sucuk

20 g kaltes Wasser

1. Lass zunächst das gefrorene Rindfleisch 1 Stunde im Kühlschrank antauen.
2. Gib 300 g gewürfeltes, leicht angetautes Rindfleisch gemeinsam mit der Knoblauchzehe in den Mixtopf und zerkleinere beides **20 Sekunden/ Stufe 8**. Fülle die Masse in eine separate Schüssel um.
3. Nun gibst du die restlichen 300 g gewürfeltes, leicht angetautes Rindfleisch in den Mixtopf und zerkleinerst das Fleisch wiederum **20 Sekunden/ Stufe 8**. Gib das zuvor zerkleinerte Fleisch wieder in den Mixtopf dazu.
4. Füge jetzt das Compound für bosnische Sucuk hinzu und mische es **10 Sekunden/ Stufe 4** unter. Gieße das Wasser dazu und mische es **15 Sekunden/ Stufe 4** unter.
5. Gib die Hälfte der Masse in die Mitte der Wurstfolie und schlage sie ein. Presse die Masse mithilfe eines Schneidebretts zu einer Rolle von ca. 3,5–5,5 cm Durchmesser. Nun rolle das Brät mit der Folie auf und presse es an den Enden zur Mitte. Schlage die Enden ein und lege die Folienrolle mit der Naht nach unten in den Kühlschrank. Verfahre mit der 2. Hälfte der Masse genauso. Die Masse muss nun mindestens 12 Stunden im Kühlschrank reifen. (Bebilderte Einzelschritte s. Seite 12)
6. Nach der Reifezeit kannst du die Sucuk roh oder auch gebraten/ gegrillt genießen.

Mit
LUCOMA
Compound für
RINDER
LEBERKÄSE
Vom Metzgermeister entwickelt
Lecker aus
dem Ofen!

Rinder-Leberkäse

ca. 650 g | 15 Min. + 1 Std. Antauzeit + ca. 1 Std. Backzeit | mittel

Zutaten:

Utensilien: Auflaufform, ca. 12 x 15 cm, Höhe ca. 5 cm

390 g Rindfleisch, gewürfelt, gefroren

130 g Eiswasser (halb Wasser, halb Eiswürfel)

130 g kaltes Pflanzenöl

1 Pck. Compound für Rinder-Leberkäse

1. Nimm als Erstes das gefrorene Fleisch aus dem Tiefkühlfach und lass es 1 Stunde im Kühlschrank antauen.
2. Stelle ein Glas mit abgewogenem Eiswasser und eins mit abgewogenem kalten Öl bereit. Gib das klein gewürfelte, leicht angetaute Rindfleisch in den Mixtopf und zerkleinere es **20 Sekunden/ Stufe 8**.
3. Gib das Compound für Rinder-Leberkäse dazu und mische es **15 Sekunden/ Stufe 4** unter.
4. Lass den Thermomix® auf **Stufe 4** laufen, gib dabei zügig das Eiswasser durch die Deckelöffnung hinzu. Drehe dann auf **Stufe 8** hoch und mixe das Ganze ca. **15 Sekunden/ Stufe 8**.
5. Schiebe die Reste mit dem Spatel herunter, gib das kalte Öl dazu und zerkleinere alles erneut **30 Sekunden/ Stufe 8**.
6. Das Brät sollte nun eine gleichmäßige Farbe und Konsistenz haben. Falls nicht, vermische alles nochmal **15 Sekunden/ Stufe 8**.
7. Fülle das fertige Brät in eine kleine, gefettete Auflaufform und streiche es mit einem Spatel glatt. Schneide das Brät kreuzweise mit einem scharfen Messer ein und backe es im vorgeheizten Ofen bei 140–150°C Umluft ca. 45 Minuten.
9. Nach der Backzeit stellst du die Temperatur auf 200°C hoch und backst den Leberkäse ca. 15 Minuten bis zur gewünschten Bräunung.

Du kannst das Brät auch in mehreren Miniformen backen. Dann verkürzt sich die Backzeit auf ca. 30 Minuten. Natürlich kannst du auch nach Belieben Käsewürfelchen, Peperoni oder Röstzwiebeln zugeben. Einfach nach Schritt 6 zugeben und **5 Sekunden/ Linkslauf/ Stufe 4** untermischen.

Geflügel pur

Mit
LUCOMA
Compound für
GEFLÜGELWURST
Vom Metzgermeister entwickelt
Im Glas gegart!

Geflügelwurst

ca. 650 g | ca. 45 Min. + 1 Std. Antauzeit | mittel

Zutaten:

Utensilien: 3 Einmachgläser à ca. 290 ml

390 g Geflügelfleisch (z. B: Hähnchenbrust oder Putenbrust), gewürfelt, gefroren

130 g Eiswasser (halb Wasser, halb Eiswürfel)

130 g kaltes Pflanzenöl

1 Pck. Compound für Geflügelwurst

1000 g lauwarmes Wasser

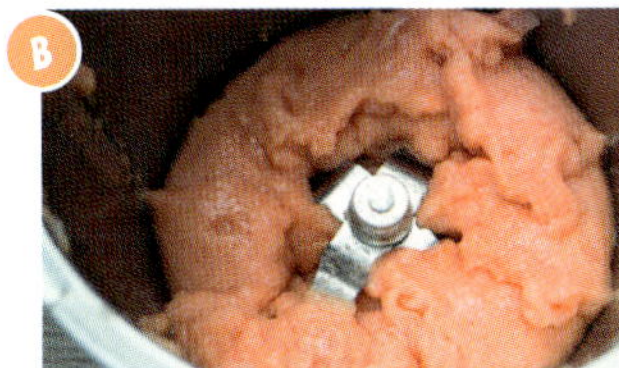

1. Nimm als Erstes das gefrorene Fleisch aus dem Tiefkühlfach und lass es 1 Stunde im Kühlschrank antauen.
2. Stelle ein Glas mit abgewogenem Eiswasser und eins mit abgewogenem Öl bereit. Gib das gewürfelte, leicht angetaute Geflügelfleisch in den Mixtopf und zerkleinere es **20 Sekunden/ Stufe 8** (s. Bild A).
3. Gib das Compound für Geflügelwurst dazu und mische es **15 Sekunden/ Stufe 4** unter.
4. Lass den Thermomix® auf **Stufe 4** laufen und gib dabei das Eiswasser zügig durch die Deckelöffnung hinzu. Drehe dann auf **Stufe 8** hoch und mixe das Ganze **15 Sekunden/ Stufe 8** (s. Bild B).
5. Schiebe die Reste vom Rand herunter, gib das Öl dazu (s. Bild C) und zerkleinere alles erneut **20 Sekunden/ Stufe 8**.
6. Das Brät sollte nun eine gleichmäßige Farbe und Konsistenz haben (s. Bild D). Falls nicht, vermische alles nochmal **15 Sekunden/Stufe 8**.
7. Fülle das fertige Brät in heiß ausgespülte Gläser um. Lass dabei einen Rand von 1 cm frei (s. Bild E) und stelle die verschlossenen Gläser in den Varoma. Reinige den Mixtopf mit kaltem Wasser und einer Bürste ohne Spülmittel.
8. Gib das Wasser in den Mixtopf und koche es **7 Minuten/ 100°C/ Stufe 1** auf. Stelle den Varoma auf den Mixtopf und brühe die Wurstgläser **30 Minuten/ Varoma/ Stufe 1**.
9. Nach Garzeitende nimmst du den Varoma samt Gläsern vom Mixtopf herunter und lässt die Gläser auf Zimmertemperatur abkühlen (s. Bild G). Stelle die abgekühlten Gläser in den Kühlschrank.

Stelle die heißen Gläser NICHT in kaltes Wasser. Durch das schnelle Abkühlen können die Gläser springen.

Geflügel pur!

Geflügel-Leberkäse

ca. 650 g | 13 Min. + 1 Std. Antauzeit + 1 Std. Backzeit | mittel

Zutaten:

Utensilien: Auflaufform, ca. 12 x 15 cm, Höhe ca. 5 cm

390 g Geflügelfleisch (z. B. Hähnchenbrustfilet oder Putenbrustfilet), gewürfelt, gefroren

130 g Eiswasser (halb Wasser, halb Eiswürfel)

130 g kaltes Pflanzenöl

1 Pck. Compound für bayerischen Leberkäse

1. Nimm als Erstes das gefrorene Fleisch aus dem Tiefkühlfach und lass es 1 Stunde im Kühlschrank antauen.
2. Stelle ein Glas mit abgewogenem Eiswasser und eins mit abgewogenem Öl bereit. Gib das gewürfelte, leicht angetaute Geflügelfleisch in den Mixtopf und zerkleinere es **20 Sekunden/ Stufe 8** (s. Bild A).
3. Gib das Compound für bayerischen Leberkäse dazu und mische es **15 Sekunden/ Stufe 4** unter.
4. Lass den Thermomix® auf **Stufe 4** laufen. Gib dabei das Eiswasser zügig durch die Deckelöffnung hinzu. Drehe dann auf **Stufe 8** hoch und mixe das Ganze **15 Sekunden/ Stufe 8** (s. Bild B).
5. Schiebe die Reste vom Rand herunter, gib das kalte Öl dazu (s. Bild C) und zerkleinere alles erneut **20 Sekunden/ Stufe 8**.
6. Das Brät sollte nun eine gleichmäßige Farbe und Konsistenz haben. Falls nicht, vermische alles nochmal **15 Sekunden/ Stufe 8** (s. Bild D).
7. Fülle das fertige Brät in eine kleine, gefettete Auflaufform und streiche es mit einem Spatel glatt. Schneide das Brät mit einem scharfen Messer kreuzweise ein und backe es im vorgeheizten Ofen bei 140–150°C Umluft ca. 45 Minuten (s. Bild E).
8. Nach der Backzeit stellst du die Temperatur auf 200°C hoch und backst den Leberkäse ca. 15 Minuten bis zur gewünschten Bräunung (s. Bild F).

Tipp

Du kannst das Brät auch in mehreren Miniformen backen. Dann verkürzt sich die Backzeit auf ca. 30 Minuten.
Der Geflügel-Leberkäse lässt sich wie alle Leberkäse-Sorten super mit Chili, Peperoni oder verschiedenen Kräutern verfeinern - hier sind eurer Fantasie keine Grenzen gesetzt!

A

B

C

D

E

F

Mit
LUCOMA
Compound für
GEFLÜGEL
WEISSWURST
Vom Metzgermeister entwickelt
Geflügel
geht immer!

Geflügel-Weißwurst

ca. 650 g | ca. 45 Min. + 1 Std. Antauzeit | mittel

Zutaten:

Utensilien: 3 Einmachgläser à ca. 290 ml

390 g Geflügelfleisch (Hähnchenbrustfilet oder Putenbrustfilet), gefroren

170 g Eiswasser (halb Wasser, halb Eiswürfel)

130 g kaltes Pflanzenöl (z. B. Sonnenblumenöl oder Rapsöl), am besten aus dem Kühlschrank

10 g Zwiebel

etwas Bio-Zitronenabrieb

1 Pck. Compound für Geflügel-Weißwurst

5–10 g Petersilie, frisch, ohne Stängel

1000 g lauwarmes Wasser

1. Als Erstes lässt du das gefrorene Fleisch 1 Stunde im Kühlschrank antauen.
2. Stelle ein Glas mit abgewogenem Eiswasser und ein Glas mit dem kalten, abgewogenen Pflanzenöl bereit.
3. Nun gibst du das leicht angetaute Geflügelfleisch, die Zwiebel und den Zitronenabrieb in den Mixtopf und zerkleinerst die Zutaten **15 Sekunden/ Stufe 8** grob. Füge das Compound für Geflügel-Weißwurst hinzu und mische es **10 Sekunden/ Stufe 4** unter.
4. Lass den Thermomix® auf **Stufe 4** laufen und gib das Eiswasser zügig durch die Deckelöffnung dazu. Drehe dann auf **Stufe 8** hoch und mixe das Ganze ca. **10 Sekunden/ Stufe 8**.
5. Schiebe die Reste mit dem Spatel nach unten. Gib jetzt das Öl dazu und mixe alles **20 Sekunden/ Stufe 8**. Schiebe die Reste erneut mit dem Spatel nach unten und vermische alles **20 Sekunden/ Stufe 8**.
6. Das Brät sollte nun eine gleichmäßige Farbe und Konsistenz haben. Falls nicht, vermische alles nochmal **10 Sekunden/ Stufe 8**.
7. Gib die Petersilie zum fertigen Brät und mische sie **6 Sekunden/ Stufe 5** unter.
8. Fülle das fertige Brät in heiß ausgespülte Einmachgläser und lass dabei oben einen Rand von 1 cm frei. Stelle die verschlossenen Gläser in den Varoma und achte darauf, dass Schlitze frei bleiben, damit der Dampf zirkulieren kann. Reinige den Mixtopf mit kaltem Wasser und einer Bürste ohne Spülmittel.
9. Fülle das lauwarme Wasser in den Mixtopf und koche es **7 Minuten/ 100°C/ Stufe 1** auf. Setze den Varoma auf den Mixtopf und brühe die Wurst **30 Minuten/ Varoma/ Stufe 1**.
10. Nimm die Gläser mit Ofenhandschuhen (Achtung heiß!) aus dem Varoma. Öffne den Deckel und stürze die Würste mithilfe eines Messers aus den Gläsern. Genieße die Würste sofort warm mit süßem Senf und Brezel.

Mit
LUCOMA
Compound für
GEFLÜGEL STREICHWURST
ORIGINAL LUCOMA
Vom Metzgermeister entwickelt
Reines Geflügel!

Reine Geflügelstreichwurst

ca. 700 g | 50 Min. | mittel

Zutaten:

Utensilien: 3 Einmachgläser à ca. 290 ml

180 g Geflügelleber

1000 g Wasser

320 g Geflügelfleisch (von den Schenkeln, mit Haut, ohne Knochen), alternativ Hähnchen- oder Putenschnitzel

50 g flüssige Butter oder Pflanzenöl

150 g Sahne

1 Pck. Compound für Geflügelstreichwurst

1. Gib die Geflügelleber in den Mixtopf und zerkleinere sie **25 Sekunden/ Stufe 10**. Es sollte ein sehr feiner Brei entstehen. Schiebe die Reste mit dem Spatel nach unten.
2. Gib das Compound für Geflügelstreichwurst dazu und mische es **15 Sekunden/ Stufe 4** unter. Fülle die Mischung anschließend um und stelle sie im Kühlschrank kalt. Reinige den Mixtopf.
3. Gieße das Wasser in den Mixtopf und setze den Mixtopfdeckel auf, aber ohne den Messbecher aufzusetzen. Verteile die Geflügelschenkel im Varoma. Achte dabei darauf, dass Schlitze frei bleiben, damit der Dampf zirkulieren kann. Positioniere den Varoma auf dem Mixtopf und stelle sicher, dass alles richtig sitzt, damit kein Dampf unkontrolliert entweichen kann. Gare die Geflügelschenkel **40 Minuten/ Varoma/ Stufe 1**. Nimm nach der Garzeit den Varoma vom Mixtopf ab und gieße das Wasser weg.
4. Gib die gegarten Schenkel in den Mixtopf und zerkleinere sie **30 Sekunden/ Stufe 10** mithilfe des Spatels. Lass den Fleischbrei im Mixtopf auf 40–50°C abkühlen.
5. Gib nun den Lebermix aus dem Kühlschrank zur abgekühlten Masse hinzu und rühre ihn **5 Sekunden/ Stufe 3** unter.
6. Sahne und Butter oder Pflanzenöl zugeben und alles nochmal **10 Sekunden/ Stufe 10** vermischen. Die Reste mit dem Spatel nach unten schieben und nochmal **5 Sekunden/ Stufe 10** vermischen.
7. Fülle das fertige Brät in heiß ausgespülte Einmachgläser ab, lass dabei oben einen Rand von 1 cm frei. Verteile die verschlossenen Gläser im Varoma und achte dabei darauf, dass Schlitze frei bleiben, damit der Dampf zirkulieren kann. Reinige den Mixtopf.
8. Gib das Wasser in den Mixtopf und koche es **7 Minuten/ Varoma/ Stufe 1**. Positioniere anschließend den Varoma auf dem Mixtopf und gare die Wurstgläser **30 Minuten/ Varoma/ Stufe 1**.
9. Nach der Garzeit nimmst du den Varoma mit den Gläsern vorsichtig vom Mixtopf ab und lässt die Gläser auf Zimmertemperatur abkühlen. Stelle die abgekühlten Gläser in den Kühlschrank.

Die Streichwurst schmeckt sehr fein auf frisch gebackenem Brot. Du kannst noch maximal 40 g Einlage nach Wahl von Hand mit einem Spatel unterheben: z. B. getrocknete Cranberries, getrocknete Pilze, Röstzwiebeln, frischen Schnittlauch, in Butter glasierte Zwiebelstückchen oder eine Pfeffermischung. Deiner Fantasie sind dabei keine Grenzen gesetzt.

Schwein

Mit
LUCOMA
Compound für
FRÜHSTÜCKSFLEISCH
Vom Metzgermeister entwickelt
Hält sich gut im Kühlschrank!

Frühstücksfleisch

ca. 600 g | 50 Min. + 1 Std. Antauzeit + 12 Std. Ruhezeitt | mittel

Zutaten:

Utensilien: 3 Einmachgläser à ca. 290 ml

150 g Schweinebauch, gewürfelt, gefroren

400 g Schweinehackfleisch oder Schweinegulasch, gefroren

100 g kaltes Wasser

1 Pck. Compound für Frühstücksfleisch

1. Als Erstes lässt du das gefrorene Fleisch 1 Stunde im Kühlschrank antauen.
2. Stelle ein Glas mit abgewogenem kalten Wasser bereit. Gib den leicht angetauten, gewürfelten Schweinebauch in den Mixtopf und zerkleinere ihn **20 Sekunden/ Stufe 8**. Wenn du das Fleisch feiner haben möchtest, zerkleinere es nochmal **5 Sekunden/ Stufe 8**. Fülle den zerkleinerten Schweinebauch in eine separate Schüssel um und stelle diese in den Kühlschrank.
3. Gib nun das Schweinehackfleisch oder -gulasch in den Mixtopf und zerkleinere es **25 Sekunden/ Stufe 8**. Schiebe die Reste mit dem Spatel nach unten. Gib den zerkleinerten Schweinebauch und das Compound für Frühstücksfleisch dazu und mische beides **10 Sekunden/ Stufe 4** unter.
4. Gib das kalte Wasser dazu und vermische alles **20 Sekunden/ Stufe 6**. Dabei sollte eine homogene Masse entstehen.
5. Fülle das fertige Brät in heiß ausgespülte Einmachgläser ab, verschließe sie und lass dabei oben einen Rand von 1 cm frei. Lass die Gläser über Nacht für mind. 12 Stunden im Kühlschrank ruhen.
6. Nimm die verschlossenen Gläser nach der Ruhezeit aus dem Kühlschrank und positioniere sie im Varoma. Achte dabei darauf, dass Schlitze frei bleiben, damit der Dampf zirkulieren kann.
7. Gib das Wasser in den sauberen Mixtopf und koche es **7 Minuten/ 100°C/ Stufe 1** auf. Positioniere den Varoma auf dem Mixtopf und brühe das Frühstücksfleisch **40 Minuten/ Varoma/ Stufe 1**.
8. Nimm nach der Garzeit den Varoma samt Gläsern ab und lass sie auf Zimmertemperatur abkühlen. Stelle die abgekühlten Gläser in den Kühlschrank.

Stelle die heißen Gläser NICHT in kaltes Wasser! Durch das schnelle Abkühlen können die Gläser springen.

Gekühlt genießen, dann ist das Frühstücksfleisch schön schnittfest!

Mit
LUCOMA
Compound für
GELBWURST
Vom Metzgermeister entwickelt
Im Varoma gegart!

Gelbwurst

ca. 650 g (2 Rollen) | ca. 40 Min. + 1 Std. Antauzeit | mittel

Zutaten:

Utensilien: Wurstfolie, Backpinsel

200 g Schweinebauch, gewürfelt, gefroren

300 g Schweinehackfleisch, gefroren (alternativ Schweinegulasch oder Schweineschnitzel in Stücken)

150 g Eiswasser (halb Wasser, halb Eiswürfel) + etwas zum Einlegen der Wurstrollen

1 Pck. Compound für Gelbwurst

1000 g lauwarmes Wasser

1. Lass das gefrorene Fleisch 1 Stunde im Kühlschrank antauen.
2. Stelle ein Glas mit abgewogenem Eiswasser bereit. Gib den gewürfelten, leicht angetauten Schweinebauch in den Mixtopf und zerkleinere ihn **1:00-1:20 Minute/ Stufe 8** (s. Bild A). Die Konsistenz sollte einem klebrigen Brotteig ähneln. Fülle ihn anschließend in eine separate Schüssel um (s. Bild B).
3. Nun gibst du das leicht angetaute Schweinehackfleisch in den Mixtopf und zerkleinerst es **15 Sekunden/ Stufe 8** grob (s. Bild C). Gib das Compound für Gelbwurst dazu und mische es **15 Sekunden/ Stufe 4** unter.
4. Lass den Thermomix® auf **Stufe 4** laufen und füge das Eiswasser zügig durch die Deckelöffnung hinzu. Drehe dann auf **Stufe 8** hoch und mixe das Ganze ca. **20 Sekunden/ Stufe 8**. Schiebe die Reste mit dem Spatel nach unten.
5. Nun zerkleinere alles erneut **20 Sekunden/ Stufe 8**. Schiebe die Reste wieder mit dem Spatel nach unten und wiederhole den Zerkleinerungsvorgang.
6. Stelle nun **30 Sekunden/ Stufe 8** ein, gib dabei den umgefüllten Schweinebauch (s. Bild B) portionsweise zügig durch die Deckelöffnung dazu und rühre mithilfe des Spatels um (s. Bild D).
7. Das Brät sollte nun eine gleichmäßige Farbe und Konsistenz haben (s. Bild E). Falls nicht, vermische alles nochmal **20 Sekunden/ Stufe 8**.
8. Fülle das fertige Brät um (s. Bild F) und reinige den Mixtopf mit kaltem Wasser und einer Bürste ohne Spülmittel.
9. Nun kannst du deine Gelbwurst mit Wurstfolie zu Wurstrollen formen, die bebilderten Einzelschritte dazu findest du auf Seite 12. Gib das Wasser in den Mixtopf und koche es **7 Minuten/ 100°C/ Stufe 1** auf. Stelle den Varoma auf den Mixtopf und brühe die Wurstrollen **25 Minuten/ Varoma/ Stufe 1** (s. Bild G).
10. Lege die Wurstrollen nach der Garzeit für ca. 3–5 Minuten in Eiswasser. Durch diesen Vorgang verfärben sich die Würste nicht. Wickle sie danach aus und bewahre sie in einem Behälter im Kühlschrank auf.

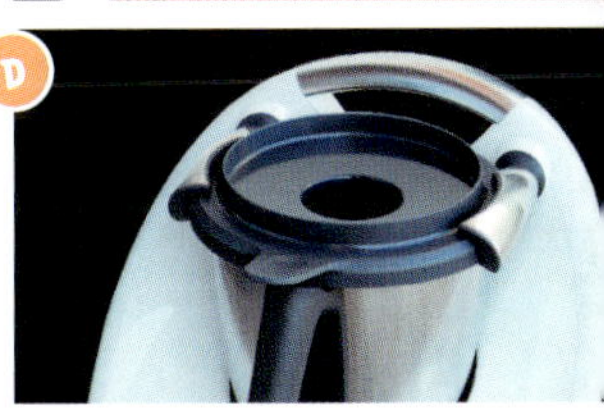

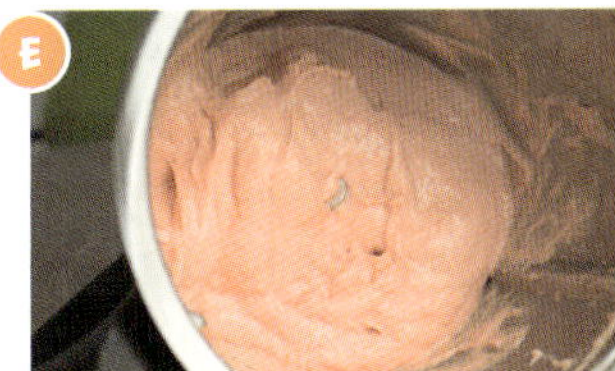

Mit
LUCOMA
Compound für
MOLOCHNAJA
AUFSCHNITT WURST
Vom Metzgermeister entwickelt
Im Varoma gegart!

Molochnaja, russ. Aufschnittwurst

ca. 650 g (2 Rollen) | ca. 35 Min. + 1 Std. Antauzeit | mittel

Zutaten:

Utensilien: Wurstfolie, Backpinsel

200 g Schweinebauch, gewürfelt, gefroren

300 g Schweinehackfleisch oder -gulasch, gefroren

100 g kalte Milch

60 g Crushed Ice

1 Pck. Compound für Molochnaja

1000 g lauwarmes Wasser

1. Lass das gefrorene Fleisch 1 Stunde im Kühlschrank antauen.
2. Stelle ein Glas mit abgewogener kalter Milch sowie das abgewogene Crushed Ice bereit. Gib den gewürfelten, leicht angetauten Schweinebauch in den Mixtopf und zerkleinere ihn **1:00–1:20 Minuten/ Stufe 8**. Die Konsistenz sollte einem klebrigen Brotteig ähneln. Fülle ihn anschließend in eine separate Schüssel um.
3. Nun gibst du das leicht angetaute Hackfleisch in den Mixtopf und zerkleinerst es **15 Sekunden/ Stufe 8** grob. Gib das Compound für Molochnaja dazu und mische es **15 Sekunden/ Stufe 4** unter.
4. Lass den Thermomix® auf **Stufe 4** laufen und gib zügig die kalte Milch und das Crushed Ice durch die Deckelöffnung hinzu. Drehe dann auf **Stufe 8** hoch und mixe das Ganze ca. **20 Sekunden/Stufe 8**.
5. Schiebe die Reste mit dem Spatel nach unten. Zerkleinere alles erneut **20 Sekunden/ Stufe 8**. Schiebe die Reste wieder mit dem Spatel nach unten und zerkleinere nochmal **20 Sekunden/ Stufe 8**.
6. Stelle nun **30 Sekunden/ Stufe 8** ein, gib dabei zügig den umgefüllten Schweinebauch portionsweise durch die Deckelöffnung dazu und rühre mithilfe des Spatels um.
7. Das Brät sollte nun eine gleichmäßige Farbe und Konsistenz haben. Falls nicht, vermische alles nochmal **20 Sekunden/ Stufe 8**.
8. Fülle das fertige Brät um und reinige den Mixtopf mit kaltem Wasser und einer Bürste ohne Spülmittel.
9. Gib die Hälfte des Bräts in die Mitte der Wurstfolie (vorher einölen!) und schlage sie ein. Presse das Brät mithilfe eines Schneidebretts zu einer Rolle von ca. 3,5–5,5 cm Durchmesser. Nun rolle das Brät mit der Folie auf und presse es an den Enden zur Mitte. Schlage die Enden ein und lege die Folienrolle mit der Naht nach unten auf den Varoma-Einlegeboden. Verfahre mit der 2. Hälfte des Bräts genauso (Bebilderte Einzelschritte s. Seite 12)
10. Gib das Wasser in den Mixtopf und koche es **7 Minuten/ 100°C/ Stufe 1** auf. Stelle den Varoma auf den Mixtopf und brühe die Wurstrollen **25 Minuten/ Varoma/ Stufe 1**.
11. Lege die Wurstrollen nach der Garzeit für ca. 3–5 Minuten in Eiswasser. Durch diesen Vorgang verfärben sich die Würste nicht. Wickle sie danach aus und bewahre sie in einem Behälter im Kühlschrank auf.

Mit
LUCOMA
Compound für
ROTE BRATWURST
GRILLWURST
Vom Metzgermeister entwickelt
Klein,
aber oho!

Rote Mini-Grillwürstl vom Schwein

ca. 14 Mini-Würstl à 50 g | ca. 35 Min. + 1 Std. Antauzeit | mittel

Zutaten:

Utensilien: Spritzbeutel mit großer Lochtülle (Ø ca. 2 cm)

200 g Schweinebauch, gewürfelt, gefroren

300 g Schweinehackfleisch oder Gulaschfleisch vom Schwein, klein gewürfelt, gefroren

150 g Eiswasser (halb Wasser, halb Eiswürfel)

1 Pck. Compound für rote Bratwurst-Grillwurst

1. Lass das gefrorene Fleisch 1 Stunde im Kühlschrank antauen.
2. Stelle ein Glas mit abgewogenem Eiswasser bereit. Gib den gewürfelten, leicht angetauten Schweinebauch in den Mixtopf und zerkleinere ihn **1:00–1:20 Minute/ Stufe 8**. Die Konsistenz sollte einem klebrigen Brotteig ähneln. Fülle ihn anschließend in eine separate Schüssel um.
3. Nun gibst du das leicht angetaute Hackfleisch oder Gulaschfleisch in den Mixtopf und zerkleinerst es **15 Sekunden/ Stufe 8** grob. Gib das Compound für rote Bratwurst-Grillwurst dazu und mische es **15 Sekunden/ Stufe 4** unter.
4. Lass den Thermomix® auf **Stufe 4** laufen und gib das Eiswasser zügig durch die Deckelöffnung hinzu. Drehe dann auf **Stufe 8** hoch und mixe das Ganze ca. **20 Sekunden/Stufe 8**.
5. Schiebe die Reste mit dem Spatel nach unten. Zerkleinere alles erneut **20 Sekunden/ Stufe 8**. Schiebe die Reste wieder mit dem Spatel nach unten und vermische alles nochmal **20 Sekunden/ Stufe 8**.

5\. Stelle nun **30 Sekunden/ Stufe 8** ein, gib dabei zügig den umgefüllten Schweinebauch portionsweise durch die Deckelöffnung dazu und rühre mithilfe des Spatels um.

6\. Schiebe die Reste mit dem Spatel nach unten und mixe das Ganze ca. **40 Sekunden/ Stufe 8**.

7\. Das Brät sollte nun eine gleichmäßige Farbe und Konsistenz haben. Falls nicht, vermische alles nochmal **20 Sekunden/ Stufe 8**.

8\. Fülle das fertige Brät in den Spritzbeutel um. Entweder spritzt du es direkt in eine Pfanne mit heißem Öl (ca. 10 cm lange Würste) oder du füllst das fertige Brät in eine Dose um, stellst sie über Nacht in den Kühlschrank und bereitest die Würstl erst am nächsten Tag zu.

Für Würstl, die erst am nächsten Tag verzehrt werden sollen, gehe wie folgt vor:

Erwärme in einem großen Topf ca. 5 Liter Wasser und 1–2 TL Salz auf ca. 70°C. Drücke das Brät in ca. 10 cm langen Stücke in das heiße Wasser. Brühe die Mini-Würstl ca. 9–10 Minuten. Wende sie anschließend und brühe sie weitere 9–10 Minuten fertig. Achtung! Die Temperatur sollte nicht überschritten werden, da die Würstl sonst zerfallen. Das Wasser darf nicht kochen.

Die Mischung macht's:

Kombinierte Fleischsorten

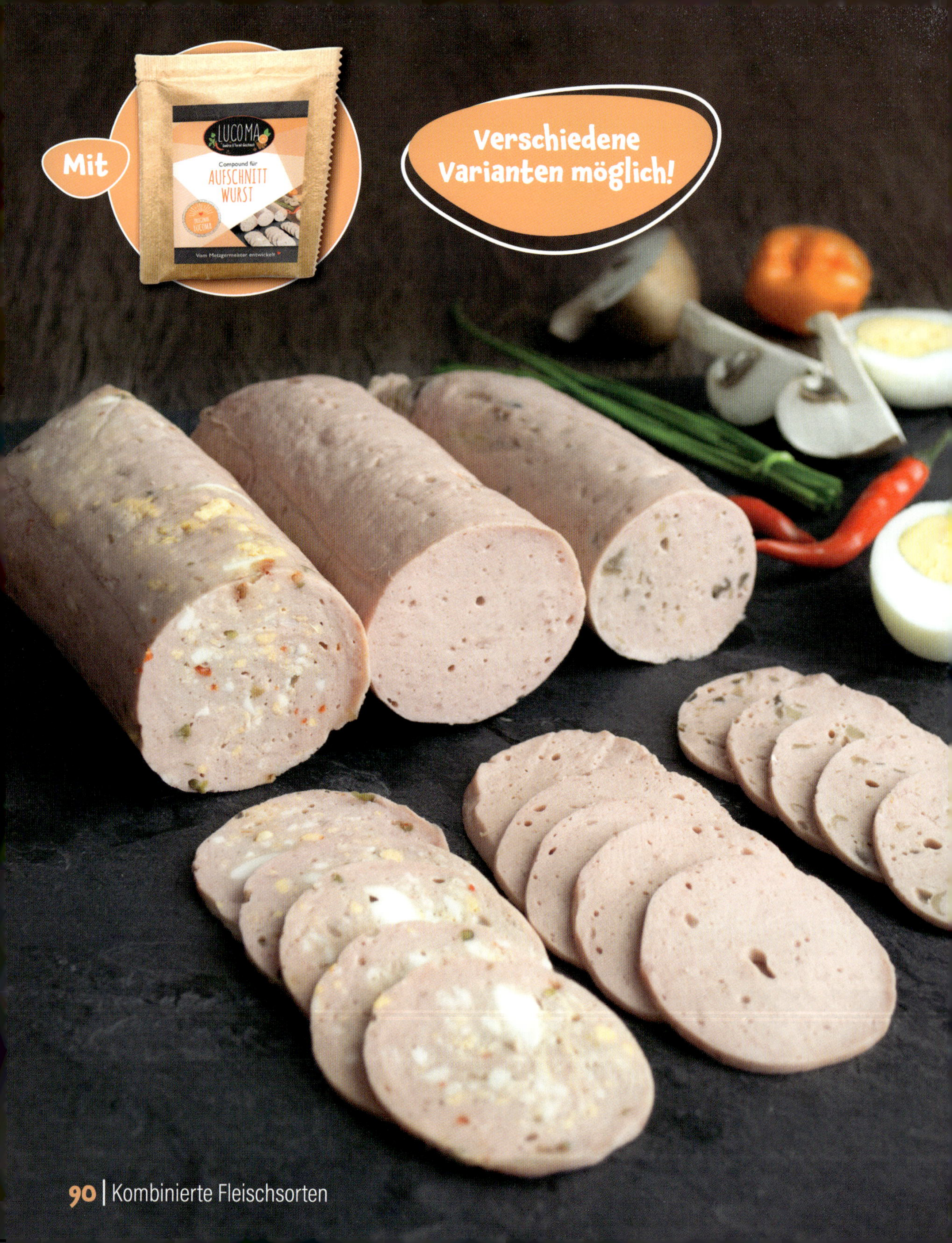
Mit
LUCOMA
Compound für
AUFSCHNITT
WURST
Vom Metzgermeister entwickelt
Verschiedene
Varianten möglich!

Aufschnittwurst/ Kalbspariser

ca. 650 g | ca. 35 Min. + 1 Std. Antauzeit | mittel

Zutaten:

Utensilien: Wurstfolie, Backpinsel

200 g Schweinebauch, gewürfelt, gefroren

300 g gemischtes Hackfleisch, gefroren (alternativ gemischtes Gulasch)

150 g Eiswasser (halb Wasser, halb Eiswürfel) + etwas zum Einlegen der Wurstrollen

1 Pck. Compound für Aufschnittwurst

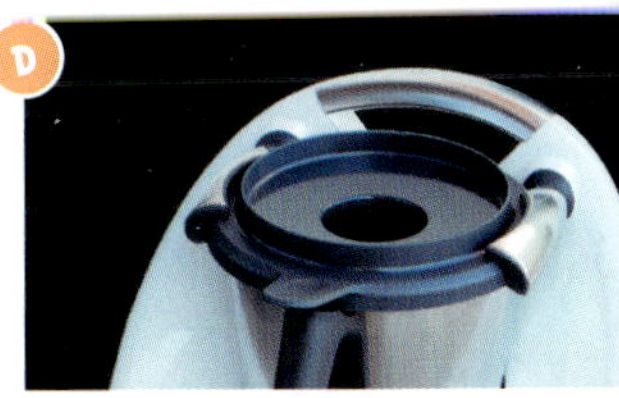

1. Lass das gefrorene Fleisch 1 Stunde im Kühlschrank antauen.
2. Stelle ein Glas mit abgewogenem Eiswasser bereit. Gib den gewürfelten, leicht angetauten Schweinebauch in den Mixtopf und zerkleinere ihn **1:00-1:20 Minuten/ Stufe 10** (s. Bild A). Die Konsistenz sollte einem klebrigen Brotteig ähneln. Fülle ihn anschließend in eine separate Schüssel um (s. Bild B).
3. Nun gibst du das leicht angetaute Hackfleisch in den Mixtopf und zerkleinerst es **15 Sekunden/ Stufe 8** grob (s. Bild C). Gib das Compound für Aufschnittwurst dazu und mische es **15 Sekunden/ Stufe 4** unter.
4. Lass den Thermomix® auf **Stufe 4** laufen und gib das Eiswasser zügig durch die Deckelöffnung hinzu. Drehe dann auf **Stufe 10** hoch und mixe das Ganze ca. **20 Sekunden/ Stufe 8**.
5. Schiebe die Reste mit dem Spatel nach unten. Zerkleinere alles erneut **20 Sekunden/ Stufe 8**. Schiebe die Reste wieder mit dem Spatel nach unten und vermische alles nochmal **20 Sekunden/ Stufe 8**.
6. Stelle nun den Thermomix® auf **30 Sekunden/ Stufe 8** ein, gib dabei zügig den umgefüllten Schweinebauch portionsweise durch die Deckelöffnung dazu und rühre mithilfe des Spatels um (s. Bild D).
7. Das Brät sollte nun eine gleichmäßige Farbe und Konsistenz haben (s. Bild E). Falls nicht, vermische alles nochmal **20 Sekunden/ Stufe 8**.
8. Fülle das fertige Brät um (s. Bild F) und reinige den Mixtopf mit kaltem Wasser und einer Bürste ohne Spülmittel.
9. Du kannst das Brät nun nach Belieben verfeinern. Füge z. B. gegarte Champignons, Pistazienkerne, bunte Paprika, gekochte Eier oder Kräuter hinzu. Hebe die Zutaten entweder mithilfe des Spatels oder im Thermomix® **3 Sekunden/ Stufe 4** unter.
10. Du kannst aus dieser Brätmasse 2–3 verschiedene Sorten Aufschnittwurst herstellen. Forme pro Sorte jeweils 1 Wurst. Teile das Brät in 3 Teile und mische die unterschiedlichen Zutaten unter.
11. Die Aufschnittwurst schmeckt fantastisch als Wurstrolle. Die bebilderten Einzelschritte zum Wurst selber machen mit Wurstfolie findest du auf Seite 12.

Als Suppen-
einlage!

Bratspätzle

ca. 650 g | ca. 30 Min. + 1 Std. Antauzeit | mittel

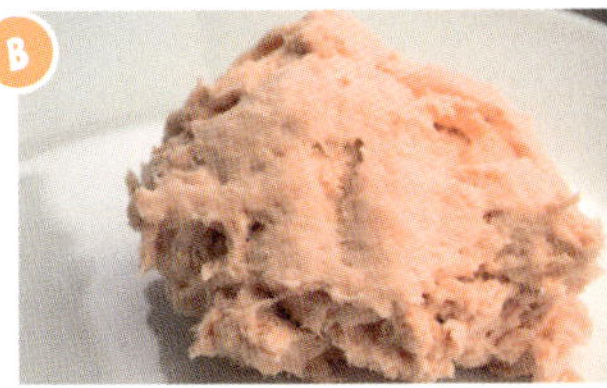

Zutaten:

Utensilien: Spätzlereibe

200 g Schweinebauch, gewürfelt, gefroren

200 g Schweinegulasch, gefroren

100 g Kalbsgulasch, gefroren

150 g Eiswasser (halb Wasser, halb Eiswürfel)

1 Pck. Compound für weiße Bratwurst

1000 g lauwarmes Wasser

½ TL Salz

1. Lass das gefrorene Fleisch 1 Stunde im Kühlschrank antauen.
2. Stelle ein Glas mit abgewogenem Eiswasser bereit. Gib den gewürfelten, leicht angetauten Schweinebauch in den Mixtopf und zerkleinere ihn **1:00-1:20 Minuten/ Stufe 8** (s. Bild A). Die Konsistenz sollte einem klebrigen Brotteig ähneln. Fülle ihn anschließend in eine separate Schüssel um (s. Bild B).

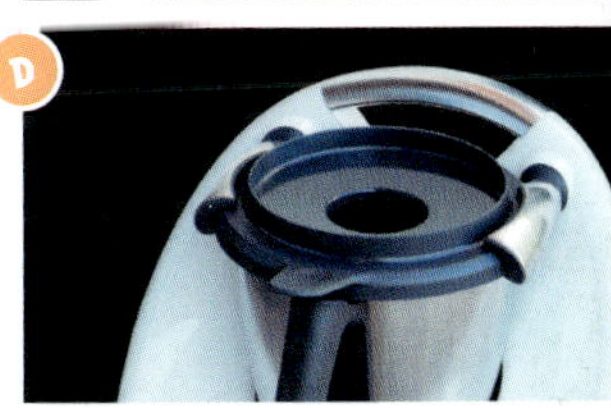

3. Nun gibst du das leicht angetaute Schweine- und Kalbsgulasch in den Mixtopf und zerkleinerst es **15 Sekunden/ Stufe 8** grob (s. Bild C). Gib das Compound für weiße Bratwurst dazu und mische es **15 Sekunden/ Stufe 4** unter.
4. Lass den Thermomix® auf **Stufe 4** laufen und gib das Eiswasser zügig durch die Deckelöffnung hinzu. Drehe dann auf **Stufe 8** hoch und mixe das Ganze ca. **20 Sekunden/ Stufe 8**. Schiebe die Reste mit dem Spatel nach unten. Zerkleinere alles erneut **20 Sekunden/ Stufe 8**. Schiebe die Reste wieder mit dem Spatel nach unten und vermische alles nochmal **20 Sekunden/ Stufe 8**.

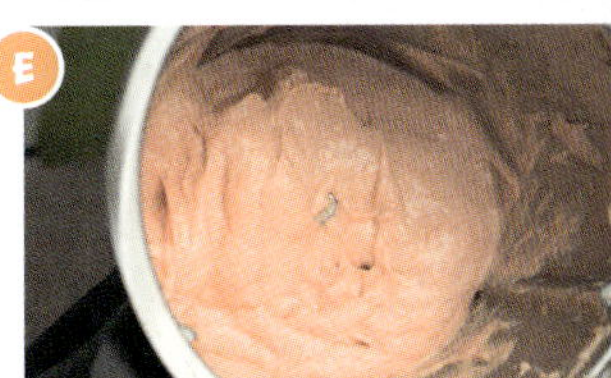

5. Stelle nun den Thermomix® auf **30 Sekunden/ Stufe 8** ein, gib dabei zügig den umgefüllten Schweinebauch portionsweise durch die Deckelöffnung dazu und rühre mithilfe des Spatels um (s. Bild D). Schiebe die Reste mit dem Spatel nach unten und mixe das Ganze ca. **40 Sekunden/ Stufe 8**.
6. Das Brät sollte nun eine gleichmäßige Farbe und Konsistenz haben (s. Bild E). Falls nicht, vermische alles nochmal **20 Sekunden/ Stufe 8**.

7. Fülle das fertige Brät in eine Schüssel um (s. Bild F). Reinige den Mixtopf mit kaltem Wasser und einer Bürste ohne Spülmittel.
8. Gib Wasser und Salz in den Mixtopf und erhitze das Wasser **5 Minuten/ 70°C/ Stufe 1**. Nimm den Mixtopfdeckel ab und reibe die Hälfte des Bräts mithilfe einer Spätzlereibe in das heiße Wasser (s. Bild G). Brühe die Bratspätzle **6-7 Minuten/ 70°C/ Linkslauf/ Sanftrührstufe**. Nimm sie anschließend mit einer Schaumkelle aus dem Wasser. Verfahre mit dem restlichen Brät ebenso.

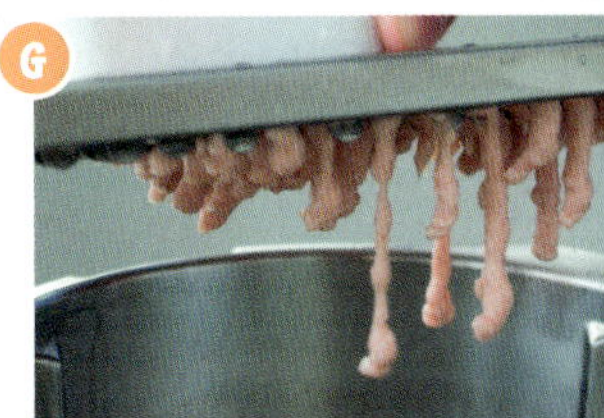

Tipp

Du kannst die gegarten Bratspätzle auch prima auf Vorrat einfrieren. Dann müssen sie nur noch in einer Brühe erwärmt werden. Wenn du keine Spätzlereibe zur Hand hast, kannst du auch mithilfe eines Teelöffels kleine Nocken abstechen. Die Nocken in 2 Durchgängen ca. **10 Minuten/ 70°C/ Sanftrührstufe** brühen.

Mit
LUCOMA
Compound für
LYONER
Vom Metzgermeister entwickelt
Im Varoma gegart!

Lyoner/ Extrawurst

ca. 650 g (2 Rollen) | ca. 35 Min. + 1 Std. Antauzeit | mittel

Zutaten:

Utensilien: Wurstfolie, Backpinsel

200 g Schweinebauch, gewürfelt, gefroren

300 g gemischtes Hackfleisch, gefroren (alternativ gemischtes Gulasch)

150 g Eiswasser (halb Wasser, halb Eiswürfel) + etwas zum Einlegen der Wurstrollen

1 Pck. Compound für Lyoner

1000 g lauwarmes Wasser

1. Lass das gefrorene Fleisch 1 Stunde im Kühlschrank antauen.
2. Stelle ein Glas mit abgewogenem Eiswasser bereit. Gib den gewürfelten, leicht angetauten Schweinebauch in den Mixtopf und zerkleinere ihn **1:00-1:20 Minute/ Stufe 8** (s. Bild A). Die Konsistenz sollte einem klebrigen Brotteig ähneln. Fülle ihn anschließend in eine separate Schüssel um (s. Bild B).
3. Nun gibst du das leicht angetaute Hackfleisch in den Mixtopf und zerkleinerst es **15 Sekunden/ Stufe 8** grob (s. Bild C). Gib das Compound für Lyoner dazu und mische es **15 Sekunden/ Stufe 4** unter.
4. Lass den Thermomix® auf **Stufe 4** laufen. Füge das Eiswasser zügig durch die Deckelöffnung hinzu. Drehe dann auf **Stufe 8** hoch und mixe das Ganze ca. **20 Sekunden/ Stufe 8**.
5. Schiebe die Reste mit dem Spatel nach unten. Zerkleinere alles erneut **20 Sekunden/ Stufe 8**. Schiebe die Reste wieder mit dem Spatel nach unten und vermische alles nochmal **20 Sekunden/ Stufe 8**.
6. Stelle nun **30 Sekunden/ Stufe 8** ein, gib dabei zügig den umgefüllten Schweinebauch portionsweise durch die Deckelöffnung dazu und rühre mithilfe des Spatels um.
7. Das Brät sollte nun eine gleichmäßige Farbe und Konsistenz haben (s. Bild D). Falls nicht, verrühre alles nochmal **20 Sekunden/ Stufe 8**.
8. Fülle das fertige Brät um und reinige den Mixtopf mit kaltem Wasser und einer Bürste ohne Spülmittel.
9. Gib die Hälfte des Bräts in die Mitte der Wurstfolie (vorher einölen!) und schlage sie ein. Presse das Brät mithilfe eines Schneidebretts zu einer Rolle von ca. 3,5–5,5 cm Durchmesser. Nun rolle das Brät mit der Folie auf und presse es an den Enden zur Mitte. Schlage die Enden ein und lege die Folienrolle mit der Naht nach unten auf den Varoma-Einlegeboden (s. Bild E). Verfahre mit der 2. Hälfte des Bräts genauso. (Bebilderte Einzelschritte s. Seite 12)
10. Gib das Wasser in den Mixtopf und koche es **7 Minuten/ 100°C/ Stufe 1** auf. Stelle den Varoma auf den Mixtopf und brühe die Wurstrollen **25 Minuten/ Varoma/ Stufe 1**.
11. Lege die Wurstrollen nach der Garzeit für ca. 3–5 Minuten in Eiswasser. Durch diesen Vorgang verfärben sich die Würste nicht. Wickle sie danach aus und bewahre sie in einem Behälter im Kühlschrank auf.

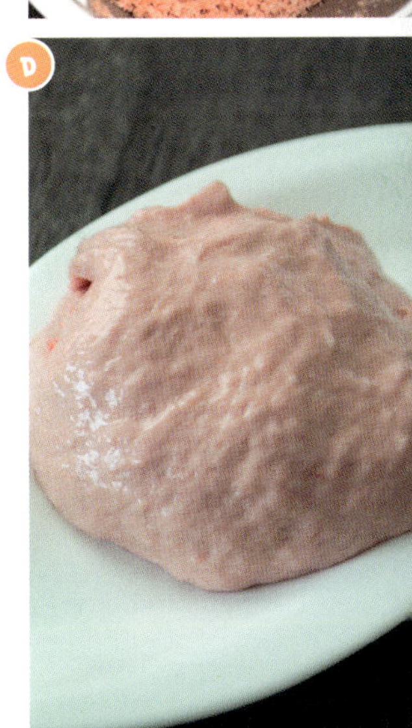

Mit
LUCOMA
Compound für
ROTE BRATWURST
GRILLWURST
Vom Metzgermeister entwickelt
Für Pfanne oder Grill!

Rote Mini-Grillwürstl gemischt

ca. 14 Mini-Würstl à 50 g | ca. 35 Min. + 1 Std. Antauzeit | mittel

Zutaten:

Utensilien: Spritzbeutel mit großer Lochtülle (Ø ca. 2 cm)

200 g Schweinebauch, gewürfelt, gefroren

300 g gemischtes Hackfleisch oder gemischtes Gulaschfleisch, klein gewürfelt, gefroren

150 g Eiswasser (halb Wasser, halb Eiswürfel)

1 Pck. Compound für rote Bratwurst-Grillwurst

1. Lass das gefrorene Fleisch 1 Stunde im Kühlschrank antauen.
2. Stelle ein Glas mit abgewogenem Eiswasser bereit. Gib den gewürfelten, leicht angetauten Schweinebauch in den Mixtopf und zerkleinere ihn **1:00–1:20 Minute/ Stufe 8**. Die Konsistenz sollte einem klebrigen Brotteig ähneln. Fülle ihn anschließend in eine separate Schüssel um.
3. Nun gibst du das leicht angetaute Hackfleisch oder Gulaschfleisch in den Mixtopf und zerkleinerst es **15 Sekunden/ Stufe 8** grob. Gib das Compound für rote Bratwurst-Grillwurst dazu und mische es **15 Sekunden/ Stufe 4** unter.
4. Lass den Thermomix® auf **Stufe 4** laufen und gib das Eiswasser zügig durch die Deckelöffnung hinzu. Drehe dann auf **Stufe 8** hoch und mixe das Ganze ca. **20 Sekunden/ Stufe 8**.
5. Schiebe die Reste mit dem Spatel nach unten. Zerkleinere alles erneut **20 Sekunden/ Stufe 8**. Schiebe die Reste wieder mit dem Spatel nach unten und zerkleinere alles nochmal **20 Sekunden/ Stufe 8**.
6. Stelle nun den Thermomix® auf **30 Sekunden/ Stufe 8** ein, gib dann zügig den umgefüllten Schweinebauch portionsweise durch die Deckelöffnung dazu und rühre mithilfe des Spatels um.
7. Schiebe die Reste mit dem Spatel nach unten und mixe das Ganze ca. **40 Sekunden/ Stufe 8**.
8. Das Brät sollte nun eine gleichmäßige Farbe und Konsistenz haben. Falls nicht, vermische alles nochmal **20 Sekunden/ Stufe 8**.
9. Fülle das fertige Brät in den Spritzbeutel um. Entweder spritzt du es direkt in eine Pfanne mit heißem Öl (ca. 10 cm lange Würste) oder du füllst das fertige Brät in eine Dose um, stellst sie über Nacht in den Kühlschrank und bereitest die Würstl erst am nächsten Tag zu.

Tipp

Für Würstl, die erst am nächsten Tag verzehrt werden sollen, gehe wie folgt vor:

Erwärme in einem großen Topf ca. 5 Liter Wasser und 1–2 TL Salz auf ca. 70°C. Drücke das Brät in ca. 10 cm langen Stücke in das heiße Wasser. Brühe die Mini-Würstl ca. 9–10 Minuten. Wende sie anschließend und brühe sie weitere 9–10 Minuten fertig. Achtung! Die Temperatur sollte nicht überschritten werden, da die Würstl sonst zerfallen. Das Wasser darf nicht kochen.

Tipp Wenn du die Würste nicht sofort weiterverarbeiten möchtest, bewahre sie in einem Behälter im Kühlschrank auf.

Weiße Bratwurstschnecken

4 Schnecken à je ca. 160 g | ca. 35 Min. + 1 Std. Auftauzeit | mittel

Zutaten:

Utensilien: Spritzbeutel mit großer Lochtülle (Ø ca. 2 cm)

200 g Schweinebauch, gewürfelt, gefroren

200 g Schweinegulasch, gefroren

100 g Kalbsgulasch, gefroren

150 g Eiswasser (halb Wasser, halb Eiswürfel) + etwas zum Einlegen der Bratwurstschnecken

1 Pck. Compound für weiße Bratwurst

1. Lass das gefrorene Fleisch 1 Stunde im Kühlschrank antauen.
2. Stelle ein Glas mit abgewogenem Eiswasser bereit. Gib den gewürfelten, leicht angetauten Schweinebauch in den Mixtopf und zerkleinere ihn **1:00–1:20 Minuten/ Stufe 8** (s. Bild A). Die Konsistenz sollte einem klebrigen Brotteig ähneln. Fülle ihn anschließend in eine separate Schüssel um (s. Bild B).
3. Nun gibst du das leicht angetaute Schweine- und Kalbsgulasch in den Mixtopf und zerkleinerst es **15 Sekunden/ Stufe 8** grob (s. Bild C). Gib das Compound für weiße Bratwurst dazu und mische es **15 Sekunden/ Stufe 4** unter.
4. Lass den Thermomix® auf **Stufe 4** laufen und gib das Eiswasser zügig durch die Deckelöffnung hinzu. Drehe dann auf **Stufe 8** hoch und mixe das Ganze ca. **20 Sekunden/ Stufe 8**.
5. Schiebe die Reste mit dem Spatel nach unten. Zerkleinere alles erneut **20 Sekunden/ Stufe 8**. Schiebe die Reste wieder mit dem Spatel nach unten und vermische alles nochmal **20 Sekunden/ Stufe 8**.
6. Stelle nun **30 Sekunden/ Stufe 8** ein, gib dabei zügig den umgefüllten Schweinebauch portionsweise durch die Deckelöffnung dazu und rühre mithilfe des Spatels um (s. Bild D).
7. Schiebe die Reste mit dem Spatel nach unten und mixe das Ganze ca. **40 Sekunden/ Stufe 8**. Das Brät sollte nun eine gleichmäßige Farbe und Konsistenz haben (s. Bild E). Falls nicht, vermische alles nochmal **20 Sekunden/ Stufe 8**.
8. Fülle das fertige Brät in den Spritzbeutel um. Erwärme in einem großen Topf ca. 5 Liter Wasser und 1–2 TL Salz auf ca. 70°C. Drücke das Brät schneckenförmig in das heiße Wasser. Brühe die Schnecken ca. 9–10 Minuten (s. Bild F). Wende sie anschließend und brühe sie weitere 9–10 Minuten fertig. Achtung: Die Temperatur sollte nicht überschritten werden, da sonst die Würste zerfallen. Das Wasser darf nicht kochen!
9. Nimm die Schnecken nach der Garzeit vorsichtig aus dem Wasser und lege sie für ca. 3–5 Minuten in Eiswasser (s. Bild G). Durch diesen Vorgang verfärben sich die Würste nicht. Brate die Schnecken nun in der Pfanne wie gewohnt an oder lege sie auf den Grill.

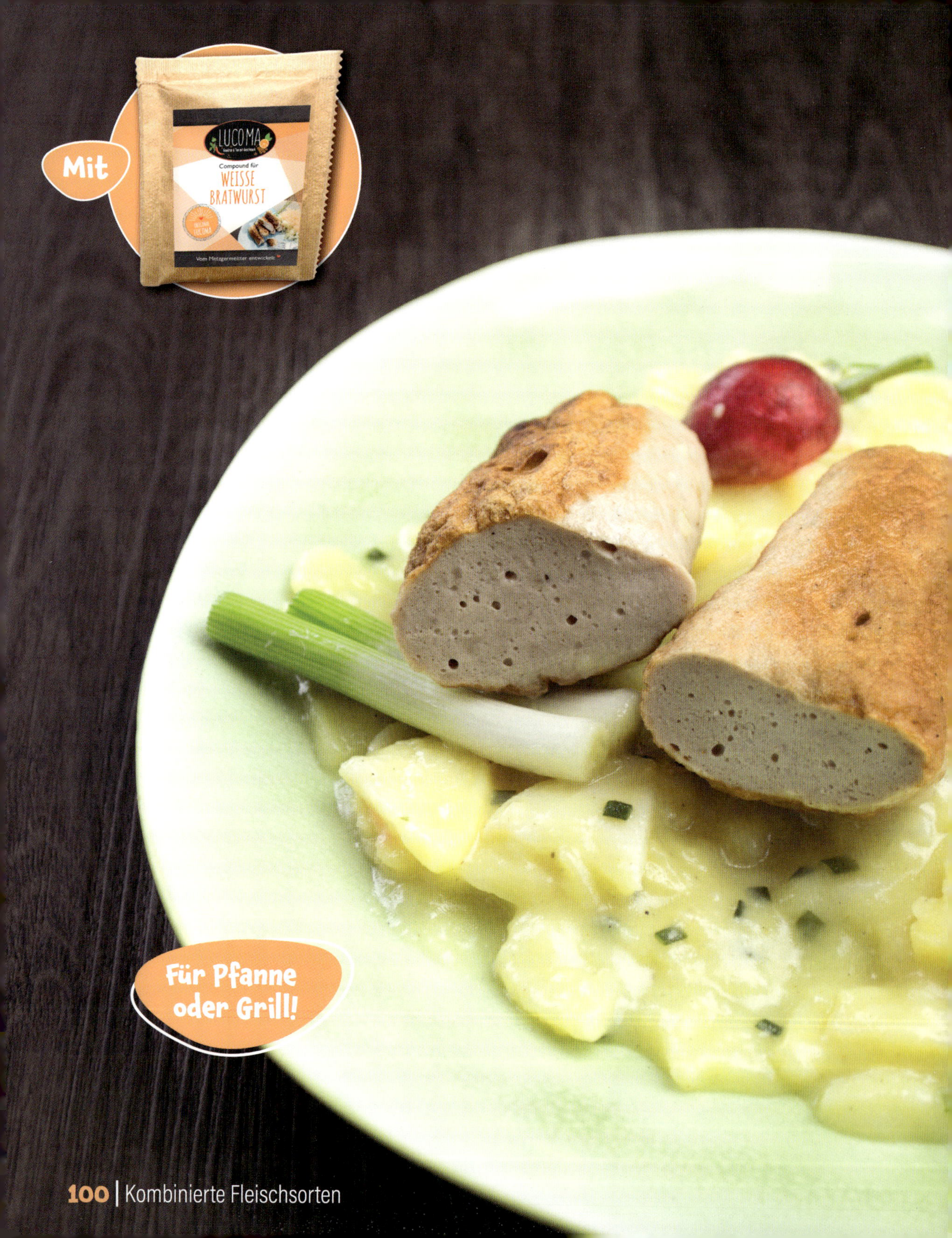
Mit
LUCOMA
Compound für
WEISSE
BRATWURST
Vom Metzgermeister entwickelt
Für Pfanne
oder Grill!

Wollwürste

ca. 650 g | ca. 35 Min. + 1 Std. Antauzeit | mittel

Zutaten:

Utensilien: Spritzbeutel mit großer Lochtülle (Ø ca. 3,5–4 cm)

200 g Schweinebauch, gewürfelt, gefroren

200 g Schweinegulasch, gefroren

100 g Kalbsgulasch, gefroren

150 g Eiswasser (halb Wasser, halb Eiswürfel) + etwas zum Einlegen der Würste

1 Pck. Compound für weiße Bratwurst

1. Lass das gefrorene Fleisch 1 Stunde im Kühlschrank antauen.
2. Stelle ein Glas mit abgewogenem Eiswasser bereit. Gib den gewürfelten, leicht angetauten Schweinebauch in den Mixtopf und zerkleinere ihn **1:00–1:20 Minuten/ Stufe 8** (s. Bild A). Die Konsistenz sollte einem klebrigen Brotteig ähneln. Fülle ihn anschließend in eine separate Schüssel um (s. Bild B).
3. Nun gibst du das leicht angetaute Schweine- und Kalbsgulasch in den Mixtopf und zerkleinerst es **15 Sekunden/ Stufe 8** grob (s. Bild C). Gib das Compound für weiße Bratwurst dazu und mische es **15 Sekunden/ Stufe 4** unter.
4. Lass den Thermomix® auf **Stufe 4** laufen und gib das Eiswasser zügig durch die Deckelöffnung hinzu. Drehe dann auf **Stufe 8** hoch und mixe das Ganze ca. **20 Sekunden/ Stufe 8**. Schiebe die Reste mit dem Spatel nach unten. Zerkleinere alles erneut **20 Sekunden/ Stufe 8**. Schiebe die Reste wieder mit dem Spatel nach unten und wiederhole den Zerkleinerungsvorgang. Stelle nun den Thermomix® auf **30 Sekunden/ Stufe 8**, gib dabei zügig den umgefüllten Schweinebauch portionsweise durch die Deckelöffnung dazu und rühre mithilfe des Spatels um (s. Bild D).
5. Schiebe die Reste mit dem Spatel nach unten und mixe das Ganze ca. **40 Sekunden/ Stufe 8**.
6. Das Brät sollte nun eine gleichmäßige Farbe und Konsistenz haben (s. Bild E). Falls nicht, vermische alles nochmal **20 Sekunden/ Stufe 8**.
7. Fülle das fertige Brät in den Spritzbeutel um. Erwärme in einem großen Topf ca. 5 Liter Wasser und 1–2 TL Salz auf ca. 70°C. Drücke das Brät in ca. 8–10 cm langen Würsten in das heiße Wasser (s. Bild F). Brühe die Würste ca. 10–11 Minuten. Wende sie anschließend und brühe sie weitere 10–11 Minuten fertig. Achtung: Die Temperatur sollte nicht überschritten werden, da sonst die Würste zerfallen. Das Wasser darf nicht kochen!
8. Nimm die Würste nach der Garzeit vorsichtig aus dem Wasser und lege sie für ca. 3–5 Minuten in Eiswasser. Durch diesen Vorgang verfärben sich die Würste nicht.
9. Brate die Würste nun in der Pfanne wie gewohnt an oder lege sie auf den Grill.

Tipp Wenn du die Würste nicht sofort weiterverarbeiten möchtest, bewahre sie in einem Behälter im Kühlschrank auf.

A

B

C

D

E

F
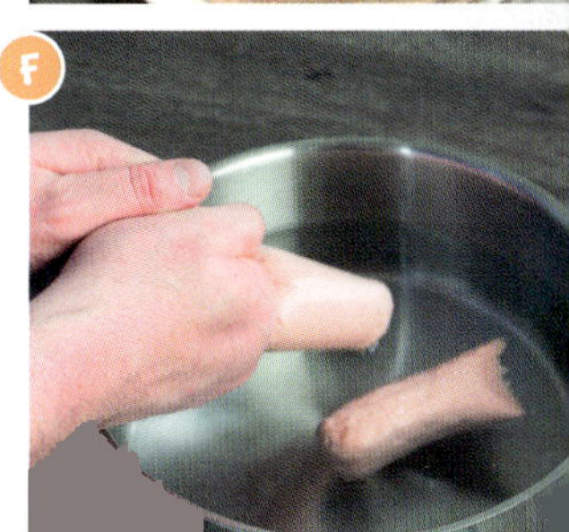

Vorsicht, nicht verbrennen:

Kochwurst

In diesem Kapitel versorgen wir euch mit brandheißen Kochwurst-Rezepten! Dazu gehören nicht nur verschiedene Streichwürste, sondern auch herzhaft würzige Rezepte mit Sülze.

Kochwürste bestehen dabei hauptsächlich aus der Kombination von gekochtem Fleisch und Fett. Die Zutaten werden hier also vor der Verarbeitung zur Wurstmasse gegart. So entsteht ein feines Brät, das sich besonders gut für diverse Streichwurst-Rezepte eignet.

Tipp

Wer möchte, kann max. 40 g getrocknete, klein geschnittene Äpfel, Cranberries, Röstzwiebeln, frischen Schnittlauch oder Bärlauch zugeben und unterheben. Bei der Verfeinerung sind deiner Fantasie keine Grenzen gesetzt.

Feine Streichwurst

ca. 700 g | 28 Min. + 30 Min. Antauzeit | mittel

Zutaten:

Utensilien: 3 Einmachgläser à ca. 290 ml

100 g Leber, gewürfelt, gefroren

1 Pck. Compound für Streichwurst

450 g Schweinebauch, NICHT gefroren, sondern frisch verarbeiten

¼ Zwiebel

2 Cocktailtomaten

50 g lauwarmes Wasser

100 g Sahne

1000 g Wasser

1. Als Erstes lässt du die gefrorene Leber 30 Minuten im Kühlschrank antauen.
2. Gib die leicht angetaute Leber in den Mixtopf und zerkleinere sie **10 Sekunden/ Stufe 8** (s. Bild A). Füge das Compound für Streichwurst hinzu und mische es **15 Sekunden/ Stufe 4** unter. Fülle die Mischung in eine separate Schüssel um und stelle sie in den Kühlschrank. Reinige den Mixtopf.
3. Schneide den Schweinebauch in kleine Würfel und gib die Würfel zusammen mit Zwiebel, Tomaten und 50 g lauwarmem Wasser in den Mixtopf (s. Bild B). Koche die Mischung **15 Minuten/ 100°C/ Sanftrührstufe** (s. Bild C). Kontrolliere zum Schluss, ob das Fleisch durchgegart ist. Wenn nicht, lass es weitere **5 Minuten/ 100°C/ Sanftrührstufe** kochen.
4. Püriere nun das gekochte Fleisch **30 Sekunden/ Stufe 8**. Schiebe die Reste mit dem Spatel nach unten und püriere die Mischung erneut **20 Sekunden/ Stufe 8** (s. Bild D).
5. Lass den Fleischbrei im Mixtopf auf 50°C–40°C abkühlen. Wenn der Fleischbrei die richtige Temperatur erreicht hat, gibst du die Leber aus dem Kühlschrank hinzu und hebst sie **5 Sekunden/ Stufe 2** unter.
6. Nun gießt du die Sahne dazu und vermischst alles **10 Sekunden/ Stufe 8**. Schiebe die Reste mit dem Spatel nach unten. Verrühre die Masse mithilfe des Spatels so lange, bis alles eine einheitliche Farbe hat.
7. Fülle das fertige Brät in heiß ausgespülte Einmachgläser ab. Lass oben 1 cm Luft und positioniere die verschlossenen Gläser im Varoma. Achte dabei darauf, dass Schlitze frei bleiben, damit der Dampf zirkulieren kann.
8. Reinige den Mixtopf mit kaltem Wasser und einer Bürste ohne Spülmittel. Gib das Wasser in den Mixtopf und koche es **7 Minuten/ 100°C/ Stufe 1** auf (s. Bild E). Positioniere den Varoma auf dem Mixtopf und brühe die Wurst **18 Minuten/ Varoma/ Stufe 1**.
9. Nach Garzeitende nimmst du den Varoma samt Gläsern vom Mixtopf herunter und lässt die Gläser auf Zimmertemperatur abkühlen. Stelle die abgekühlten Gläser in den Kühlschrank.

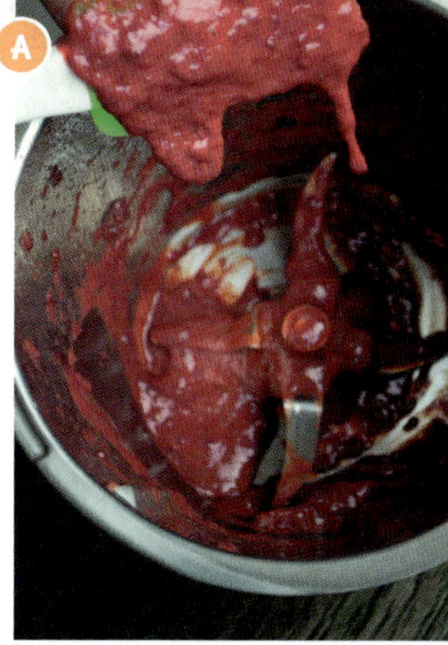
A

B

C

D

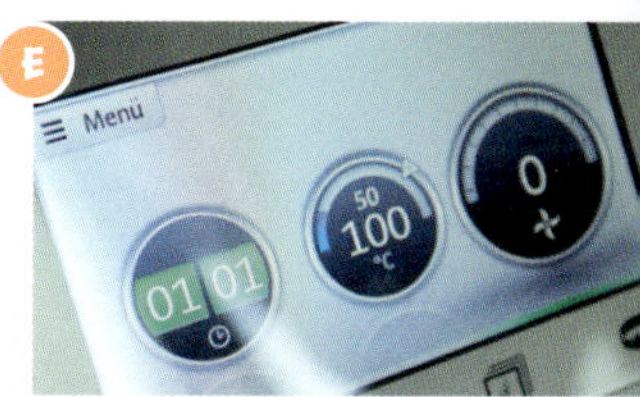

E

F

G

Im Varoma gegart!
Mit
LUCOMA
Compound für
STREICHWURST
Vom Metzgermeister entwickelt

Grobe Zwiebelstreichwurst

ca. 650 g | ca. 28 Min. + 1 Std. Antauzeit | mittel

Zutaten:

Utensilien: 3 Einmachgläser à ca. 290 ml

460 g Schweinebauch, gewürfelt, gefroren

100 g Leber (Schweine- oder Kalbsleber), gewürfelt, gefroren

1 Pck. Compound für Streichwurst

75 g Zwiebel, in groben Stücken

50 g Wasser

1 EL Majoran, getrocknet

1000 g lauwarmes Wasser

1. Lass den gefrorenen Schweinebauch 1 Stunde und die gefrorene Leber 30 Minuten im Kühlschrank antauen.
2. Gib die leicht angetaute Leber in den Mixtopf und zerkleinere sie **10 Sekunden/ Stufe 8** (s. Bild A). Gib das Compound für Streichwurst dazu und vermische die Zutaten **15 Sekunden/ Stufe 4**. Fülle die Mischung in eine separate Schüssel um (s. Bild B) und stelle sie in den Kühlschrank. Reinige den Mixtopf.
3. Gib den gewürfelten, leicht angetauten Schweinebauch zusammen mit der Zwiebel in den Mixtopf und zerkleinere die Zutaten **12–15 Sekunden/ Stufe 8** (s. Bild C).
4. Gib 50 g Wasser dazu und koche die Mischung **12 Minuten/ 90°C/ Sanftrührstufe** (s. Bild D).
5. Lass den gekochten Schweinebauch im Mixtopf auf 50°C–40°C abkühlen. Wenn die Temperatur erreicht ist, gibst du Majoran und Leber aus dem Kühlschrank dazu und hebst die Zutaten **8 Sekunden/ Linkslauf/ Stufe 2** unter.
6. Fülle die fertige Masse in heiß ausgespülte Einmachgläser und lass dabei oben einen Rand von 1 cm frei. Stelle die verschlossenen Gläser in den Varoma und achte dabei darauf, dass Schlitze frei bleiben, damit der Dampf zirkulieren kann.
7. Reinige den Mixtopf mit kaltem Wasser und einer Bürste ohne Spülmittel.
8. Fülle das Wasser in den Mixtopf und koche es **7 Minuten/ 100°C/ Stufe 1** (s. Bild E). Setze den Varoma auf den Mixtopf und brühe die Wurst **18 Minuten/ Varoma/ Stufe 1**.
9. Nimm nach der Garzeit den Varoma samt Gläsern vom Mixtopf ab und lass die Gläser auf Zimmertemperatur abkühlen (s. Bild F). Bewahre die abgekühlten Gläser im Kühlschrank auf.

Stelle die heißen Gläser NICHT in kaltes Wasser! Durch das schnelle Abkühlen können die Gläser springen.

A
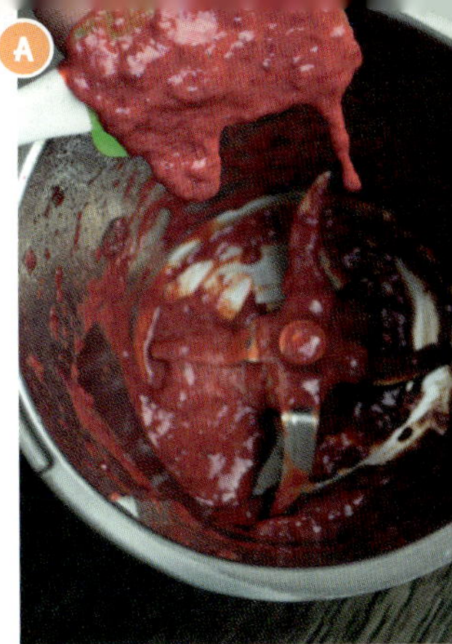

B

C

D

E
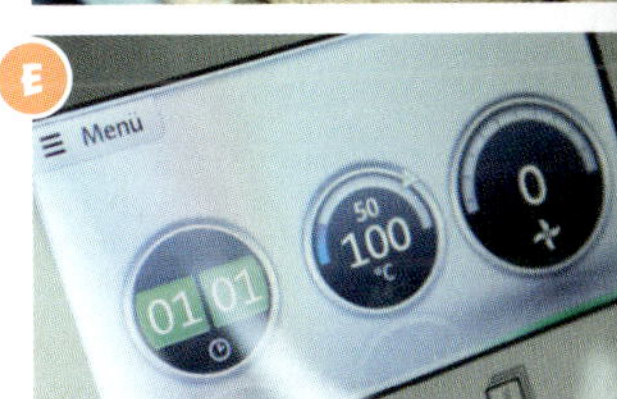

F

Perfekt zur Brotzeit!

Hausmacher Sülzpreßsack – Nose to Tail

ca. 660 g | 1 Std. 5 Min | mittel

Zutaten:

Utensilien: 3 Einmachgläser à ca. 290 ml
460 g Schweinefleisch mit Schwarte
200 g Wasser
10 g frische Zwiebel, fein gewürfelt
etwas Bio-Zitronenabrieb
13 g Kochsalz
2 g weißer Pfeffer, gemahlen
1 g Macis, gemahlen
8 g Zucker
30 g Essig, 5 % Säure
1000 g lauwarmes Wasser

1. Schneide das Schweinefleisch mit der Schwarte in kleine Würfel.
2. Gib 200 g Wasser und das gewürfelte Schweinefleisch in den Mixtopf und gare das Fleisch **25 Minuten/ 95°C/ Sanftrührstufe**.
3. Kontrolliere am Ende der Garzeit, ob das Fleisch durchgegart ist. Wenn nicht, dann gare es für weitere **5 Minuten/ 95°C/ Sanftrührstufe**.
4. Gib Zwiebelwürfel, Zitronenabrieb, Kochsalz, Pfeffer, Macis, Zucker und Essig in den Mixtopf hinzu und mische die Zutaten **10 Sekunden/ Linkslauf/ Stufe 3** unter. Mische die Masse anschließend mit dem Spatel nochmal gründlich durch.
5. Fülle die Masse in heiß ausgespülte Einmachgläser. Lass dabei oben einen 1 cm hohen Rand frei. Verteile die verschlossenen Gläser im Varoma, achte dabei darauf, dass Schlitze frei bleiben, damit der Dampf zirkulieren kann.
6. Reinige den Mixtopf mit heißem Wasser.
7. Gieße 1000 g lauwarmes Wasser in den gereinigten Mixtopf und koche es **7 Minuten/ 100°C/ Stufe 1**. Setze den Varoma auf den Mixtopf und gare die Sülze **25 Minuten/ Varoma/ Stufe 1**.
8. Nimm nach der Garzeit den Varoma samt Gläsern vom Mixtopf ab und lass die Gläser auf Zimmertemperatur abkühlen. Bewahre die abgekühlten Gläser im Kühlschrank auf.

Stelle die heißen Gläser NICHT in kaltes Wasser. Durch das schnelle Abkühlen können die Gläser springen.

Gekühlt genießen, dann ist der Hausmacher Sülzpreßsack schön schnittfest!

Leckerer Aufstrich!
Sächsische Landleberwurst

Sächsische Landleberwurst – Nose to Tail

ca. 660 g | ca. 28 Min. | mittel

Zutaten:

Utensilien: 3 Einmachgläser à ca. 290 ml

160 g Leber (Schweine oder Kalbsleber), gewürfelt

100 g geputztes Schweineherz und Schweinenieren gemischt, gewürfelt

12 g Nitritpökelsalz (0,4 %–0,5 %)

400 g Schweinebauch, gewürfelt

20 g Zwiebel, in groben Stücken

50 g Wasser

2 g weißer Pfeffer, gemahlen

2 g Majoran, gerebelt

1 g Thymian, gerebelt

0,5 g Nelke, gemahlen

0,5 g Ingwer, gemahlen

1000 g lauwarmes Wasser

1. Gib die Leberwürfel, die Schweineherz- und die Schweinenierenwürfel in den Mixtopf und zerkleinere sie **5 Sekunden/ Stufe 5**. Schiebe die Reste mit dem Spatel nach unten. Gib das Nitritpökelsalz dazu und vermenge die Zutaten **10 Sekunden/ Linkslauf/ Stufe 4**. Fülle die Mischung in eine separate Schüssel um.
2. Gib den gewürfelten Schweinebauch zusammen mit der Zwiebel in den Mixtopf.
3. Gib das Wasser dazu und koche die Mischung **12 Minuten/ 90°C/ Sanftrührstufe**.
4. Lass den gekochten Schweinebauch im Mixtopf auf 50°C—40°C abkühlen. Wenn die Temperatur erreicht ist, gibst du die beiseite gestellte Leber-Schweineherz-Nieren-Mischung sowie die abgewogenen Gewürze (Pfeffer, Majoran, Thymian, Ingwer, Nelke) dazu und vermischst die Zutaten **8 Sekunden/ Stufe 6**.
5. Fülle die fertige Masse in heiß ausgespülte Einmachgläser und lass dabei oben einen Rand von 1 cm frei. Stelle die verschlossenen Gläser in den Varoma und achte dabei darauf, dass Schlitze frei bleiben, damit der Dampf zirkulieren kann.
6. Reinige den Mixtopf mit kaltem Wasser und einer Bürste ohne Spülmittel.
7. Fülle das Wasser in den Mixtopf und koche es **7 Minuten/ 100°C/ Stufe 1**. Setze den Varoma auf den Mixtopf und brühe die Wurst **25 Minuten/ Varoma/ Stufe 1**.
8. Nimm nach der Garzeit den Varoma samt Gläsern vom Mixtopf ab und lass sie auf Zimmertemperatur abkühlen. Bewahre die abgekühlten Gläser im Kühlschrank auf.

Stelle die heißen Gläser NICHT in kaltes Wasser! Durch das schnelle Abkühlen können die Gläser springen.

Mit
LUCOMA
Compound für
STREICHWURST
Vom Metzgermeister entwickelt
Lecker zu rustikalem Brot!

Zwiebel-Kräuter-Streichwurst

ca. 650 g | 28 Min. | mittel

Zutaten:

Utensilien: 3 Einmachgläser à ca. 290 ml

100 g Leber, roh, gewürfelt, gefroren

1 Pck. Compound für Streichwurst

450 g Schweinebauch, NICHT gefroren, sondern frisch verarbeiten

¼ Zwiebel

2 Cocktailtomaten

50 g lauwarmes Wasser

100 g Sahne

40 g getrocknete Zwiebel

5 g Majoran gerebelt

1000 g Wasser

1. Als Erstes lässt du die gefrorene Leber 30 Minuten im Kühlschrank antauen.
2. Gib die leicht angetaute Leber in den Mixtopf und zerkleinere sie **10 Sekunden/ Stufe 8** (s. Bild A). Füge das Compound für Streichwurst hinzu und mische es **15 Sekunden/ Stufe 4** unter. Fülle die Mischung in eine separate Schüssel um und stelle sie in den Kühlschrank. Reinige den Mixtopf.
3. Schneide den Schweinebauch in kleine Würfel und gib die Würfel zusammen mit Zwiebel, Tomaten und Wasser in den Mixtopf (s. Bild B). Koche die Mischung **15 Minuten/ 100°C/ Sanftrührstufe** (s. Bild C). Kontrolliere zum Schluss, ob das Fleisch durchgegart ist. Wenn nicht, lass es weitere **5 Minuten/ 100°C/ Sanftrührstufe** kochen.
4. Püriere nun das gekochte Fleisch **30 Sekunden/ Stufe 8**. Schiebe die Reste mit dem Spatel nach unten und püriere die Mischung erneut **20 Sekunden/ Stufe 8** (s. Bild D).
5. Lass den Fleischbrei im Mixtopf auf maximal 50°C–40°C abkühlen. Wenn der Fleischbrei die richtige Temperatur erreicht hat, gibst du die Leber aus dem Kühlschrank hinzu und hebst sie **5 Sekunden/ Stufe 2** unter.
6. Nun gießt du die Sahne dazu und vermischst alles **10 Sekunden/ Stufe 8**. Schiebe die Reste mit dem Spatel nach unten. Verrühre die Masse mithilfe des Spatels so lange, bis alles eine einheitliche Farbe hat. Mische die getrocknete Zwiebel mit dem gerebelten Majoran und gib in jedes Glas ca. 1 Esslöffel dieser Mischung.
7. Fülle das fertige Brät in die Gläser ab und mische die Zwiebel-Majoran-Mischung portionsweise mit einem Löffel unter. Lass dabei oben 1 cm Luft, verschließe die Gläser und positioniere sie im Varoma. Achte dabei darauf, dass Schlitze frei bleiben, damit der Dampf zirkulieren kann.
8. Reinige den Mixtopf mit kaltem Wasser und einer Bürste ohne Spülmittel.
9. Gib das Wasser in den Mixtopf und koche es **7 Minuten/ 100°C/ Stufe 1** auf (s. Bild E). Positioniere den Varoma auf dem Mixtopf und brühe die Wurst **18 Minuten/ Varoma/ Stufe 1**.
10. Nimm nach der Garzeit den Varoma samt Gläsern ab und lass sie auf Zimmertemperatur abkühlen. Stelle die abgekühlten Gläser in den Kühlschrank.

A

B

C

D

E

F
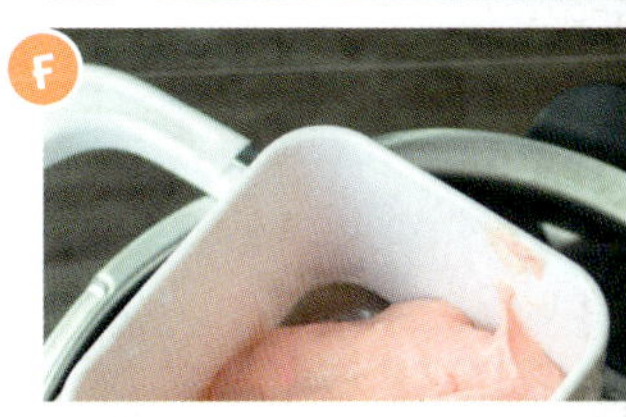

G

Lecker und fettarm!
Mit
LUCOMA
Compound für
SÜLZWURST
Vom Metzgermeister entwickelt

Sülzwurst im Glas

ca. 650 g | ca. 25 Min. | mittel

Zutaten:

Utensilien: 3 Einmachgläser à ca. 290 ml

400 g mageres Schweinefleisch (z. B. Schnitzelfleisch)

200 g Wasser

1 Pck. Compound für Sülzwurst

1 Zwiebel, fein gewürfelt

1 Möhre, geschält

3 Cornichons, fein gewürfelt

1000 g lauwarmes Wasser

1. Schneide zunächst das Schweinefleisch in kleine Würfel (s. Bild A).
2. Gib die Fleischwürfel zusammen mit dem Wasser in den Mixtopf und gare das Fleisch ca. **15 Minuten/ 80°C/ Sanftrührstufe** (s. Bild B). Kontrolliere, ob das Fleisch durchgegart ist. Ist das Fleisch noch nicht durchgegart, gare es für weitere **5 Minuten/ 80°C/ Sanftrührstufe**.
3. Schneide in der Zwischenzeit Zwiebel, Möhre und Cornichons in kleine Würfel (s. Bild C).
4. Gib nun das Compound für Sülzwurst , Zwiebel-, Möhren- und Cornichonswürfel in den Mixtopf dazu und mische die Zutaten mithilfe des Spatels **1 Minute/ 80°C/ Sanftrührstufe** unter.
5. Fülle die fertige Masse in heiß ausgespülte Einmachgläser. Lass dabei oben einen Rand von 1 cm frei. Verschließe die Gläser und stelle sie in den Varoma. Achte darauf, dass Schlitze frei bleiben, damit der Dampf zirkulieren kann.
6. Reinige den Mixtopf mit heißem Wasser und einer Bürste ohne Spülmittel.
7. Fülle das Wasser in den Mixtopf und koche es **7 Minuten/ 100°C/ Stufe 1** auf. Setze den Varoma mit den Gläsern auf und brühe sie **15 Minuten/ Varoma/ Stufe 1.**
8. Nimm nach der Garzeit den Varoma samt Gläsern vom Mixtopf herunter und lass die Gläser auf Zimmertemperatur abkühlen. Stelle sie anschließend in den Kühlschrank.

Stelle die heißen Gläser NICHT in kaltes Wasser. Durch das schnelle Abkühlen können die Gläser springen.

Verwende statt Schweinefleisch z. B. Tafelspitz vom Rind und verfeinere die Sülzwurst mit Champignons, Paprika, Zucchini oder ähnlichem Gemüse. Wenn du möchtest, kannst du auch noch 2 EL Weinessig in Schritt 4 mit dazugeben.

Mit
LUCOMA
Compound für
STREICHWURST
Vom Metzgermeister entwickelt
Streichwurst pommersche Art
Genuss auf pommersche Art!

Streichwurst pommersche Art

ca. 700 g | 28 Min. + 30 Min. Antauzeit | mittel

Zutaten:

Utensilien: 3 Einmachgläser à ca. 290 ml

100 g Leber (Schweine- oder Kalbsleber), gewürfelt, gefroren

1 Pck. Compound für Streichwurst

450 g Schweinebauch, NICHT gefroren, sondern frisch verarbeiten

¼ Zwiebel

2 Cocktailtomaten

50 g lauwarmes Wasser

100 g Sahne

1000 g Wasser

1. Als Erstes lässt du die gefrorene Leber 30 Minuten im Kühlschrank antauen.
2. Gib die leicht angetaute Leber in den Mixtopf und zerkleinere sie **10 Sekunden/ Stufe 8**. Füge das Compound für Streichwurst hinzu und mische es **15 Sekunden/ Stufe 4** unter. Fülle die Mischung in eine separate Schüssel um und stelle sie in den Kühlschrank. Reinige den Mixtopf.
3. Schneide den Schweinebauch in kleine Würfel und gib die Würfel zusammen mit Zwiebel, Tomaten und 50 g Wasser in den Mixtopf. Koche die Mischung **15 Minuten/ 100°C/ Sanftrührstufe**. Kontrolliere zum Schluss, ob das Fleisch durchgegart ist. Wenn nicht, lass es weitere **5 Minuten/ 100°C/ Sanftrührstufe** kochen.
4. Püriere nun das gekochte Fleisch **30 Sekunden/ Stufe 8**. Schiebe die Reste mit dem Spatel nach unten und püriere die Mischung erneut **20 Sekunden/ Stufe 8**.
5. Lass den Fleischbrei im Mixtopf auf 50°C–40°C abkühlen. Wenn der Fleischbrei die richtige Temperatur erreicht hat, gibst du die Leber aus dem Kühlschrank hinzu und hebst sie **5 Sekunden/ Stufe 2** unter.
6. Nun gießt du die Sahne dazu und vermischst alles **10 Sekunden/ Stufe 8**. Schiebe die Reste mit dem Spatel nach unten. Verrühre die Masse mithilfe des Spatels so lange, bis alles eine einheitliche Farbe hat.
7. Fülle das fertige Brät in heiß ausgespülte Einmachgläser ab. Lass oben 1 cm Luft und positioniere die verschlossenen Gläser im Varoma. Achte dabei darauf, dass Schlitze frei bleiben, damit der Dampf zirkulieren kann.
8. Reinige den Mixtopf mit kaltem Wasser und einer Bürste ohne Spülmittel.
9. Gib das Wasser in den Mixtopf und koche es **7 Minuten/ 100°C/ Stufe 1** auf. Positioniere den Varoma auf dem Mixtopf und brühe die Wurst **18 Minuten/ Varoma/ Stufe 1**.
10. Nimm nach der Garzeit den Varoma samt Gläsern ab und lass sie auf Zimmertemperatur abkühlen. Stelle die abgekühlten Gläser in den Kühlschrank.

Stelle die heißen Gläser NICHT in kaltes Wasser. Durch das schnelle Abkühlen können die Gläser springen.

Authentisch, echt

Rohwurst

Unsere Rohwurst-Rezepte garantieren echten Geschmack und wahren Fleisch-Genuss.

Verwöhnt euch entweder mit schnittfester oder streichfähiger Rohwurst: Die herrlich bissfesten Salami-Tartufos sind nicht nur optisch, sondern auch geschmacklich ein Highlight, genauso wie unsere verschiedenen Mettwurst-Rezepte.

Bei schnittfester Rohwurst durchlaufen z. B. die Salami-Pralinen einen festgelegten Reifeprozess, der ihnen ihre feste Konsistenz und ihren eigenen Geschmack verleiht. Die streichfähige Rohwurst hingegen reift innerhalb von wenigen Stunden, ihr müsst also nicht lange voller Heißhunger auf eure Zwiebelmettwurst warten.

Mit
LUCOMA
Compound für
STREICHFÄHIGE METTWURST
Vom Metzgermeister entwickelt
Am selben Tag verzehren!

Mettwurst Braunschweiger Art

350 g | ca. 8 Min. + 1 Std. Antauzeit | leicht

Zutaten:

350 g Schweinebauch, gewürfelt, gefroren

1 TL (ca. 8 g) geräuchertes Paprikapulver, z. B. von Lucoma

1 Pck. Compound für Streichfähige Mettwurst

1 EL Rum oder Cognac

1. Lass den gefrorenen Schweinebauch ca. 1 Stunde im Kühlschrank antauen.
2. Gib anschließend den gewürfelten, leicht angetauten Schweinebauch in den Mixtopf und zerkleinere ihn ca. **1:20–1:40 Minuten/ Stufe 8**. Die Konsistenz sollte einem klebrigen Brotteig ähneln (s. Bild A).
3. Nun fügst du je 1 TL vom geräucherten Paprikapulver und dem Compound für Streichfähige Mettwurst hinzu (s. Bild B) und vermischst die Zutaten **30–40 Sekunden/ Stufe 8**.
4. Jetzt gibst du noch Rum oder Cognac dazu und mischst es **10 Sekunden/ Stufe 6** unter (s. Bild C).
5. Bewahre die fertige Mettwurst bis zum Verzehr abgedeckt im Kühlschrank auf.

Info Die Mettwurst sollte am selben Tag verzehrt werden!

Tipp Statt mit Rum oder Rum kannst du die Mettwurst auch alternativ mit 1–2 EL Röstzwiebeln oder bunten Pfefferkörnern verfeinern. Einfach bei Schritt 4 dazugeben und **5 Sekunden/ Stufe 3** unterrühren.

Mit
LUCOMA
Compound für
ZWIEBEL
METTWURST
Vom Metzgermeister entwickelt
Mett macht
munter!

Zwiebelmettwurst vom Schwein

350 g | 5 Min. + 1 Std. Antauzeit + 3 Std. Ruhezeit | mittel

Zutaten:

350 g mageres Schweinefleisch, gewürfelt, gefroren
1 Pck. Compound für Zwiebelmettwurst vom Schwein
frische Zwiebeln, fein gewürfelt, nach Geschmack

1. Lass das gefrorene Schweinefleisch ca. 1 Stunde im Kühlschrank antauen.
2. Gib anschließend das gewürfelte, leicht angetaute Schweinefleisch in den Mixtopf und zerkleinere es **10 Sekunden/ Stufe 8**. Schiebe die Reste mit dem Spatel nach unten und mixe das Fleisch nochmal **5 Sekunden/ Stufe 8**.
3. Gib das Compound für Zwiebelmettwurst vom Schwein dazu und mische es **15 Sekunden/ Linkslauf/ Stufe 4** unter.
4. Fülle das Zwiebelmett in eine Schüssel um und decke diese mit einem Deckel oder Frischhaltefolie ab. Stelle das Fleisch zum Umröten für ca. 3 Std. in den Kühlschrank.
5. Würfle die frischen Zwiebeln fein und gib sie vor dem Verzehr über das Zwiebelmett. Genieße das Zwiebelmett mit frischem Brot.

Bewahre das Zwiebelmett abgedeckt im Kühlschrank auf und verzehre es innerhalb von 2 Tagen.

Mit
LUCOMA
Compound für
ZWIEBEL
METTWURST
Vom Metzgermeister entwickelt
Protein-
Power-Brot!

Zwiebelmettwurst vom Rind

350 g | 5 Min. + 1 Std. Antauzeit + 3 Std. Ruhezeit | mittel

Zutaten:

350 g mageres Rindfleisch, fein gewürfelt, gefroren

1 Pck. Compound für Zwiebelmettwurst vom Rind

frische Zwiebeln, fein gewürfelt, nach Geschmack

1. Lass das gefrorene Rindfleisch ca. 1 Stunde im Kühlschrank antauen.
2. Gib anschließend das gewürfelte, leicht angetaute Rindfleisch in den Mixtopf und zerkleinere es **10 Sekunden/ Stufe 8**. Schiebe die Reste mit dem Spatel nach unten und mixe das Fleisch nochmal **5 Sekunden/ Stufe 8**.
3. Gib das Compound für Zwiebelmettwurst vom Rind dazu und mische es **15 Sekunden/ Linkslauf/ Stufe 4** unter.
4. Fülle das Zwiebelmett in eine Schüssel und decke diese mit einem Deckel oder Frischhaltefolie ab. Stelle das Fleisch zum Umröten für ca. 3 Std. in den Kühlschrank.
5. Würfle die frischen Zwiebeln fein und gib sie vor dem Verzehr über das Zwiebelmett. Genieße das Zwiebelmett mit frischem Brot.

Bewahre das Zwiebelmett abgedeckt im Kühlschrank auf und verzehre es innerhalb von 2 Tagen.

Mit
LUCOMA
Compound für
SALAMI
PRALINEN
Vom Metzgermeister entwickelt
LUCOMA
Gewürze & Tee mit Geschmack
Grillgemüse
Gewürzmischung

Rindersalami-Tartufos & Rindersalami-Pralinen

4 Tartufos | 15 Min. + 1 Std. Antauzeit + 24 Std. Ruhezeit | leicht

ca. 35 Pralinen | 15 Min. + 1 Std. Antauzeit + 24 Std. Ruhezeit | leicht

Zutaten:

350 g mageres Rindfleisch, z. B. Lende oder Keule, gewürfelt, gefroren

1 Pck. Compound für Salami-Pralinen/ Tartufo

Gewürze zum Wälzen nach Geschmack, z. B. geschroteter Pfeffer, getrocknete Kräuter, geriebener Parmesan

1. Lass zunächst das gefrorene Fleisch im Kühlschrank 1 Stunde antauen.
2. Gib das gewürfelte, leicht angetaute Rindfleisch in den Mixtopf und zerkleinere es **10 Sekunden/ Stufe 8**. Schiebe die Reste mit dem Spatel nach unten und zerkleinere alles erneut **15 Sekunden/ Stufe 8**.
3. Füge das Compound für Salami-Pralinen/ Tartufo hinzu und rühre es **15 Sekunden/ Linkslauf/ Stufe 4** unter.

Für Pralinen:

4. Stich mit einem Teelöffel ca. 10 g von der Masse ab und forme sie zu einer kleinen Praline. Verfahre so mit der gesamten Fleischmasse. Die geformten Pralinen kannst du jetzt noch je nach Geschmack in Parmesan, Pfeffer oder Kräutern wälzen. Du kannst sie aber auch pur belassen.

Für Tartufos:

4. Teile die Masse in ca. 4 gleiche Stücke und forme sie mit der Hand zu Kugeln. Die geformten Kugeln, Tartufo genannt, kannst du jetzt noch je nach Geschmack in Parmesan, Pfeffer oder Kräutern wälzen. Du kannst sie aber auch pur belassen.
5. Lege die fertigen Pralinen oder Tartufos abschließend auf ein Backpapier in den Kühlschrank und lasse sie mindestens 24 Stunden reifen.

Gemischte Salami-Tartufos

4 Tartufos | 15 Min. + 1 Std. Antauzeit + 24 Std. Ruhezeit | leicht

Zutaten:

175 g mageres Rindfleisch, z. B. Lende oder Keule, gewürfelt, gefroren

175 g mageres Schweinefleisch, z. B. Lende, gewürfelt, gefroren

1 Pck. Compound für Salami-Pralinen/ Tartufo

Gewürze zum Wälzen nach Geschmack, z. B. geschroteter Pfeffer, getrocknete Kräuter, geriebener Parmesan

Zubereitung: siehe Rezept für Rindersalami-Tartufos